여성창업시대

리더가 된 여자들 도전에 답하다.

자신만의 길을 개척한
평범한 여성들의 리얼성공담

**여성창업시대,
리더가 된 여자들 도전에 답하다.**

ⓒ 윤서아 외 2024
초판 1쇄 인쇄 2024년 9월 5일
초판 1쇄 발행 2024년 9월 12일

공저자 윤서아 최재희 김민선 김효경 김희영 박현 유양석 육현정
펴낸곳 재노북스
펴낸이 이시은
표지디자인 윤서아
내지디자인 및 편집 윤서아, 노상희
ISBN 979-11-93297-22-3(13330)
정 가 19,500원

출판등록   2022년 4월 6일 (제2022-000006호)

서울시 금천구 가산디지털1로 205-27, 에이원 705호
팩   스 ㅣ 050-4095-0245
이메일 ㅣ dasolthebest@naver.com
원고접수 ㅣ 이메일 혹은 재노북스 카카오톡채널

당신의 경험이 재능이 되는 곳
당신의 노력이 노하우가 되는 곳
책으로 당신의 성장을 돕습니다.

작가님의 참신한 아이디어나 원고를 기다립니다.
접수한 원고는 검토 후 연락드리겠습니다.

여성창업시대, 리더가 된 여자들 도전에 답하다.

윤서아 최재희 김민선 김효경 김희영 박현 유양석 육현정 공저

재노북스
ZENOBOOKS

추천사

　이 책은 단순한 성공 스토리 모음집이 아닙니다. 현실적인 도전과 극복의 과정을 생생하게 담아낸, 모든 여성을 위한 실천적 지침서입니다. 꿈을 향해 한 걸음 내딛고자 하는 모든 이에게 이 책을 강력히 추천합니다. 저자들의 성공 스토리는 단순한 우연이 아닌, 끊임없는 노력과 열정의 결과입니다. 이 책을 통해 독자들은 자신의 잠재력을 재발견하고, 새로운 도전을 시작할 용기를 얻게 될 것입니다.

김수진, 중계동 브레인국어논술 원장 겸 브레인학원마케팅 대표

　여성의 가능성은 무한합니다. 이 책은 그 사실을 생생하게 보여줍니다. 사회적 편견을 뛰어넘은 8명의 여성 리더들의 이야기는 감동을 넘어 우리 사회에 깊은 울림을 줍니다. 책을 읽어나가며, 우리는 여성들의 잠재력이 얼마나 큰 결실을 맺을 수 있는지 깨닫게 됩니다. 이 책의 진정한 가치는 현실성에 있습니다. 이론이 아닌 실제 경험에서 얻은 지혜가 가득합니다. 그래서 독자들은 자신의 상황에 바로 적용할 수 있는 실용적인 조언을 얻게 됩니다. 성공을 꿈꾸는 모든 분, 특히 스스로의 한계를 느끼는 여성들에게 이 책은 새로운 길을 열어줄 것입니다.

이숙영, 한국독서문화교육협회 대표

　여성으로서 겪는 특유의 고민과 어려움을 솔직하게 다루면서도, 그것을 극복하고 성공으로 이끈 전략들이 상세히 소개되어 있습니다. 경력 단절을 고민하는 여성들에게 새로운 희망을 줄 수 있는 책입니다. 저자들은 일과 가정의 양립, 사회적 편견 극복 등 여성들이 직면하는 현실적인 문제들을 깊이 있게 다룹니다. 더불어 이러한 도전을 기회로 전환한 구체적인 사례와 방법론을 제시하여 실질적인 도움을 줍니다. 이 책은 단순한 성공 스토리를 넘어, 여성들의 자아실현과 사회적 가치 창출을 위한 로드맵을 제시합니다.

유정화, 한국디지털콘텐츠연구소 대표

추천사

디지털 시대의 새로운 기회를 포착하고 성공으로 이끈 여성들의 통찰력 있는 조언들이 인상적입니다. 4차 산업혁명 시대를 살아가는 모든 직장인들에게 필독서로 추천합니다. 이 책은 급변하는 기술 환경 속에서 여성들이 어떻게 자신만의 경쟁력을 구축했는지 상세히 보여줍니다. 특히 디지털 리터러시의 중요성과 이를 활용한 창의적인 비즈니스 모델 개발 과정이 인상 깊습니다. 독자들은 이 책을 통해 미래 산업에 대한 통찰력을 얻고, 자신의 커리어를 혁신적으로 발전시킬 수 있는 아이디어를 얻을 수 있을 것입니다.

서명중, 한국미디어창업뉴스 취재기자

평범한 일상에서 비범한 리더로 거듭난 여성들의 이야기가 가슴 뭉클한 감동을 줍니다. 이 책은 나이와 환경을 초월한 도전의 힘을 보여주며, 독자 여러분에게 새로운 가능성을 열어줄 것입니다. 저는 이 책을 통해 '한계'라고 생각했던 것들이 사실은 우리 스스로가 만든 장벽에 불과하다는 것을 깨달았습니다. 여러분도 이 책을 읽으며 자신의 한계를 뛰어넘는 용기를 얻으시길 바랍니다.

한경옥, 알앤피교육컨설팅 대표

이 책은 단순히 여성만을 위한 것이 아닙니다. 고정관념을 깨고 새로운 길을 개척한 이들의 용기와 지혜는 성별을 초월하여 모든 이에게 영감을 줍니다. 자신만의 길을 찾고자 하는 모든 분들에게 이 책을 추천합니다. 특히, 자신만의 고유한 길을 찾고자 하는 모든 분들에게 이 책은 훌륭한 나침반이 될 것입니다.

오호준, 메디라이트 아카데미 대표

프롤로그
우리가 만들어가는 새로운 시대

여러분은 어떤 꿈을 꾸고 계신가요? 혹시 그 꿈을 향해 나아가는 과정에서 두려움이나 불안을 느끼신 적은 없으신가요? 아니면 나이가 들어서, 또는 여성이라는 이유로 꿈을 포기해야 한다고 생각하신 적은 없으신가요?

만약 그렇다면, 여러분은 혼자가 아닙니다. 저 역시 그랬고, 이 책에 등장하는 모든 여성들도 한때는 그런 생각을 했습니다. 하지만 우리는 그 생각을 뛰어넘어 각자의 분야에서 성공을 이뤄냈습니다. 그리고 지금, 우리의 이야기를 여러분과 나누고자 합니다.

"여성창업시대 리더가 된 여자들, 도전에 답하다"는 단순한 성공 스토리 모음집이 아닙니다. 이 책은 우리 시대 여성들의 무한한 잠재력과 가능성을 보여주는 증거이자, 더 나은 미래를 향한 로드맵입니다. 우리는 이 책을 통해 여러분에게 말하고 싶습니다. "당신도 할 수 있습니다. 지금 시작하세요."

이 책을 기획하게 된 계기는 제 개인적인 경험에서 비롯되었습니다. 저는 평범한 직장인이었습니다. 안정적인 월급에 만족하며 살았지만, 마음 한구석에는 늘 무언가 부족하다는 느낌이 있었습니다. 그러던 어느 날, 우연히 참석한 강연에서 한 여성 기업인의 이야기를 듣게 되었습니다. 그녀의 이야기는 저에게 큰 충격과 동시에 깊은 영감을 주었습니다.

그 날 이후, 저는 주변의 성공한 여성들을 주의 깊게 관찰하기 시작했습니다. 그리고 놀라운 사실을 발견했습니다. 그들은 결코 특별한 사람들이 아니었습니다. 오히려 우리와 같은 평범한 삶을 살다가, 어느 순간 변화를 결심하고 끊임없이 노력한 결과 지금의 위치에 오른 것이었습니다.

프롤로그
꽃보다 더 빛나는 당신의 이야기

이 발견은 저에게 큰 용기를 주었습니다. '나도 할 수 있겠구나'라는 생각이 들었고, 그 생각은 곧 행동으로 이어졌습니다. 저는 직장을 그만두고 사업을 시작했습니다. 물론 쉽지 않았습니다. 수많은 실패와 좌절을 겪었고, 포기하고 싶은 순간도 많았습니다. 하지만 그때마다 제가 만난 성공한 여성들의 이야기를 떠올렸고, 그들처럼 저도 할 수 있다는 믿음으로 계속 전진했습니다.

그렇게 시작한 사업이 지금의 억대 매출 기업으로 성장했습니다. 이 과정에서 저는 많은 것을 배웠습니다. 그리고 동시에 깨달았습니다. 내가 겪은 이 경험, 이 성장의 과정을 다른 여성들과 나누고 싶다고 말입니다.

그래서 이 책을 기획하게 되었습니다. 저뿐만 아니라 각자의 분야에서 성공을 이룬 여성들의 이야기를 한데 모아, 아직 도전을 망설이고 있는 많은 여성들에게 용기와 희망을 주고 싶었습니다.

이 책에 등장하는 여성들은 모두 다양한 배경과 경험을 가지고 있습니다. 20대부터 50대까지, 학원 원장부터 틱톡 크리에이터까지, 그들의 이야기는 각기 다릅니다. 하지만 그 안에는 공통점이 있습니다. 바로 '도전'입니다

우리 이야기는 단순한 성공담이 아닙니다. 도전 과정에는 수많은 실패와 좌절, 그리고 극복의 순간들이 있었습니다. 이 책에서 우리의 이야기를 있는 그대로 진솔하게담아내고자 했습니다. 화려한 결과 뒤에 숨겨진 노력과 고난의 과정을 솔직하게 보여줌으로써, 독자 여러분이 자신의 도전 과정에서 겪는 어려움을 극복할 수 있는 힘을 얻기를 바랍니다.

프롤로그
우리가 만들어가는 새로운 시대

특히 이 책은 여성들이 직면하는 특별한 도전들에 주목합니다. 일과 가정의 양립, 사회적 편견 극복, 자신감 구축 등 여성들이 리더로 성장하는 과정에서 겪는 고유한 어려움들을 솔직하게 다룹니다. 동시에 이러한 도전들을 어떻게 기회로 전환했는지, 여성만의 강점을 어떻게 활용했는지도 보여줍니다.

그러나 이 책의 메시지는 단지 여성들에게만 국한되지 않습니다. 성별이나 나이에 관계없이, 자신의 꿈을 향해 도전하고자 하는 모든 이들에게 이 책은 소중한 길잡이가 될 것입니다. 우리는 모두 각자의 삶에서 '리더'가 될 수 있습니다. 그리고 그 여정은 바로 지금, 여러분의 결심과 함께 시작될 수 있습니다.

우리는 지금 그 어느 때보다 많은 기회와 가능성이 열려 있는 시대를 살고 있습니다. 동시에 끊임없는 변화와 불확실성의 시대이기도 합니다. 이러한 시대에 성공적으로 자신의 길을 개척한 여성들의 이야기는, 우리 모두에게 큰 희망과 용기를 줄 것입니다.

이 책은 창업을 꿈꾸는 여성들, 커리어 전환을 고민하는 직장인들, 일과 삶의 균형을 찾고자 하는 워킹맘들, 그리고 제2의 인생을 설계하는 중년 여성들에게 특별한 영감을 줄 것입니다.

하지만 이 책의 메시지는 성별과 나이를 초월합니다. 자신만의 길을 개척하고자 하는 모든 이들에게 이 책은 소중한 길잡이가 될 것입니다.

프롤로그
꽃보다 더 빛나는 당신의 이야기

"여성창업시대 리더가 된 여자들, 도전에 답하다"는 단순히 읽고 끝나는 책이 아닙니다. 이 책은 당신의 인생을 변화시킬 수 있는 행동 지침서입니다. 책 속 주인공들이 그랬듯이, 이제 당신도 자신만의 독특한 이야기를 써 내려갈 차례입니다.

당신도 할 수 있습니다. 지금 이 순간, 새로운 도전을 시작하세요. 그리고 언젠가, 당신의 이야기가 누군가에게 영감을 주는 한 챕터가 되기를 바랍니다.

자, 이제 당신의 이야기를 들려주세요. 당신의 꿈은 무엇인가요? 그 꿈을 향한 첫 걸음을 내딛을 준비가 되셨나요? 이 책의 페이지를 넘기면서, 당신만의 특별한 여정이 시작될 것입니다. 그 여정에서 이 책이 작은 등불이 되어주길 바랍니다.

당신은 이미 충분합니다 그리고 강합니다. 단지 그 사실을 잊고 있었을 뿐입니다. 이제 그 힘을 깨울 시간입니다. 당신의 이야기가 시작되는 순간, 바로 지금입니다.

2024년 8월 끊임없이 내리는 빗소리처럼
당신의 열정도 계속되기를 바라며
저자 윤서아 드림

목 차

추천사   4
프롤로그   6

PART 1
디지털 시대의 여성 창업가 : 지식 공유에서 억대 매출까지_윤서아

1. 공간스케일업 : 강남 월세에서 대형 강의장 오너로   17
2. 오픈톡방에서 원격평생교육원까지 : 지식 나눔의 확장   28
3. 콘텐츠에서 커머스로 : 네이버 플랫폼을 통한 성장 스토리   35
4. 민간자격증의 혁신 : 60여 종 자격증으로 만든 교육 생태계   45
5. 1인 출판사의 도전 : 책으로 꿈을 이루다   63

PART 2
방구석 독서모임으로 남편월급 따라잡기_최재희

1. 온라인 독서 모임 당장 시작해야 하는 이유   79
2. 오프라인 사업 쫄딱 망하고 난 이렇게 온라인 독서 모임 시작했다   81
3. 독서 모임 어떻게 시작해야 할지 막막하시다구요?   85
4. 난생처음 진행해도 전문가 소리 듣는 독서 모임 진행 노하우   90
5. 독서 모임으로 짭짤한 수익 창출하는 방법   95

PART3
학원사업으로 10억만들기_김민선

1. 강렬한 첫 경험 그 이름 '부산' — 107
2. 부산 최고의 학군 '해운대'에서 살아남는 법 — 110
3. 강한 학원을 만드는 비법 전수 — 115
4. 전문성에 진정성 한 스푼 — 119
5. 정체하지 말고 정진하라! — 125

PART4
주 4일, 월 900만 원 버는 20대 영어 공부방 원장되는 법_김효경

1. 영어 비전공자는 어떻게 영어 공부방 원장이 되었을까? — 135
2. 창업에 필요한 두 가지, 300만 원과 씨앗 학생 — 137
3. 지역은 어디가 좋을까? 수업료는 얼마를 받지? — 142
4. 주 4일, 월 1000만 원 버는 시스템 만들기 — 146
5. 학생이 안 나가는 수업 노하우 — 149
6. 예비 원장님, 초보 원장님을 위한 창업 컨설팅 — 153

목차

PART5
중년주부, 캡컷 마스터로 온라인세계 주인공되다_김희영

1. 우울증과 무기력함은 죄가 없다. 159
2. 디지털 문맹이었던 평범한 주부, 캡컷PC 마스터하다. 164
3. 숏폼영상으로 나를 세우고 집나간 자존감을 찾다 169
4. 영상제작에서 시작된 바디프로필, 이젠 내가 주인공 176

PART6
미운오리새끼에서 황금백조가 된 경영컨설턴트_박현

1. 암울했던 미운오리새끼 187
2. 지역주택조합, 원수에게 권하라! 189
3. 재건축아파트, 속도가 관건이다. 192
4. 경기도 신축 아파트, 후분양도 돈이 된다 195
5. 나만의 파이프라인 구축법 197
6. 평범한 주부, 연봉 1억 넘는 프리랜서가 되다. 198

PART7
전 세계 상위 1% 틱톡크리에이터 되다_유양석

1. 평범한 아줌마의 온라인세상 도전기   207
2. 틱톡스티커로 제 2의 인생을 살다   209
3. 전 세계 상위 1% 틱톡 크리에이터 되다   213
4. 디지털아티스트로 그림동화출간까지   217
5. 동화작가에서 디지털강사로 입문하기   220
6. 인공지능과 함께하는 무한한 가능성   221

PART8
기관강의에서 인기강사되는 노하우_육현정

1. 여자에서 엄마로 살아낸 삶, 우을증은 새벽안개처럼 스며든다.   227
2. 평생학습센터에서 시작된 육현정 그녀의 삶   229
3. 경제 교육을 통해 가정의 경제를 다시 세우다.   232
4. 중년의 기회는 사람에게서 온다.   235
5. 곰돌이강사 중독에 빠지다.   237
6. 피해자를 보듬어주는 예방교육 메신저가 되다   239
7. 청소년과 함께 성장하는 인권교육강사   241

에필로그   244

윤서아

"교육과 미디어의 경계를 넘나드는 혁신가"
온라인 교육의 새 지평을 열어가는 혁신적 교육자이자 미디어 전문가입니다. 끊임없는 혁신으로 온라인 교육과 디지털 미디어의 가능성을 탐구하며, 실용적이고 접근성 높은 학습 기회를 제공하기 위해 노력합니다. 교육과 미디어의 융합을 통해 더 나은 미래를 만들어가는 데 기여하고 있습니다.

한국미디어창업뉴스의 대표이자 편집장으로서 인터넷신문사를 운영하며, 지역 언론인으로 활발히 활동 중입니다. 미디어와 교육의 시너지를 통해 AI 콘텐츠 제작과 1인 미디어 창업 분야에서 기업, 재단, 협회의 교육 수요에 부응하고 있습니다.

- 재노북스 출판사 편집장
- 한국미디어창업뉴스 편집장
- 재노스쿨 & 미디어창업아카데미 평생교육원 원장
- 60여종 민간자격과정 기획 및 운영 총괄

여성창업시대

리더가 된 여자들
도전에 답하다.

Part 1

디지털 시대의 여성 창업가
지식 공유에서 억대 매출까지

CONTENTS

공간스케일업 : 강남 월세에서 대형 강의장 오너로　　　　　　17

오픈톡방에서 원격평생교육원까지: 지식 나눔의 확장　　　　28

콘텐츠에서 커머스로 : 네이버 플랫폼을 통한 성장 스토리　　35

민간자격증의 혁신: 60여 종 자격증으로 만든 교육 생태계　　45

1인 출판사의 도전: 책으로 꿈을 이루다　　　　　　　　　　63

공간스케일업 : 강남 월세에서 대형 강의장 오너로

2020년 1월, 예상치 못한 전환점이 찾아왔다. 꾸준히 운영해온 블로그가 결실을 맺어, 100여 명이 참여하는 독서클럽 프로그램을 성공적으로 이끌었다. 이 작은 성취가 큰 자신감으로 이어져, 그해 9월, 나는 과감한 결정을 내렸다. 강남 교보문고 뒤편, 30년 된 작은 오피스텔에서 내 사업의 첫 발을 내딛은 것이다. 당신이 지금 읽고 있는 이 이야기는, 바로 그 순간부터 시작된 나의 도전과 성장의 기록이다.

서울 강남은 대한민국 비즈니스의 심장부다. 높은 월세와 주차요금, 하루에도 수십 번씩 이뤄지는 교통단속 등 쉽지 않은 환경이었다. 처음 시작할 때는 단 6평, 약 20제곱미터의 작은 사무실이 전부였다.

강남의 비싼 임대료 때문에 더 큰 공간을 얻기는 힘들었지만, 나는 이 작은 공간에서 큰 꿈을 키워나갔다. 벽면을 가득 채운 책장, 작은 책상 하나, 그리고 고객을 맞이할 수 있는 작은 테이블이 전부였다. 하지만 이 공간은 내 열정과 아이디어로 가득 찼다.

사업을 시작할 때 가장 어려웠던 점은 자금 문제였다. 대부분의 창업자들처럼, 나 역시 충분한 자본 없이 시작했다. 하지만 이를 극복하기 위해 다양한 방법을 시도했다. 먼저, 불필요한 지출을 최소화하고 모든 비용을 꼼꼼히 관리했다. 또한, 온라인 플랫폼을 적극 활용해 마케팅 비용을 줄이면서도 효과적으로 고객을 유치할 수 있었다. 이러한 노력으로 초기의 재정적 어려움을 극복하고 점차 안정을 찾아갔다.

6평 사무실에서의 일상은 결코 쉽지 않았다. 고객을 맞이할 때마다 공간의 제약을 절실히 느꼈고, 직원을 채용하고 싶어도 자리가 부족해 망설일 수밖에 없었다. 때로는 미팅 일정이 겹쳐 난감한 상황이 발생하기도 했다. 하지만 나는 이런 상황을 창의적으로 극복하고자 노력했다.

효율적인 공간 활용을 위해 다양한 방법을 시도했다. 먼저, 접이식 가구를 적극 도입했다. 평소에는 접어두었다가 필요할 때만 펼쳐 사용하는 테이블과 의자로 공간을 유동적으로 활용할 수 있었다. 또한, 벽면을 최대한 활용해 수납공간을 확보했고, 멀티펑션 가구를 사용해 한 가지 가구로 여러 용도를 충족시켰다.

온라인 강의와 줌(Zoom) 미팅을 적극 활용한 것도 큰 도움이 되었다. 물리적 공간의 한계를 디지털 공간으로 극복한 것이다. 이를 통해 더 많은 고객과 만날 수 있었고, 지역의 제약 없이 사업을 확장할 수 있었다. 처음에는 온라인 소통이 어색했지만, 점차 익숙해지면서 오히려 더 효율적인 미팅 방식이라는 것을 깨달았다.

작은 공간의 한계를 극복하기 위해 매주 매일 고민했던 기억이 난다. 사업주에게 공간이란 여러 의미를 가진다. 단순한 물리적 영역을 넘어, 공간은 우리의 비전과 가치를 담는 그릇이자, 고객과 소통하는 매개체다.

때론 우리의 한계를 드러내기도 하지만, 동시에 창의성을 자극하는 도전의 장이기도 하다. 공간은 우리 사업의 정체성을 형성하고, 성장의 궤적을 보여주는 살아있는 증거다.

지어진 지 30년 된 낡은 건물이었지만, 오피스텔의 기능을 갖추고 있어 사무실 내 욕실과 화장실이 있었다. 이는 작은 공간에서 장시간 일해야 하는 소상공인에게는 큰 축복이었다. 공간의 제약은 때로 우리의 사고방식과 업무 방식을 혁신적으로 바꾸는 계기가 된다. 좁은 공간에서 우리는 불필요한 것들을 과감히 버리고, 정말 중요한 것에 집중하는 법을 배운다.

다만, 10시가 넘으면 지하주차장 셔터를 닫아버려 퇴근을 할 수 없는 것이 문제였다. 이는 많은 소상공인들이 겪는 불규칙한 근무 시간의 단면을 보여준다.

정해진 출퇴근 시간 없이 일하는 것은 자유로워 보이지만, 사실 더 큰 자기 관리 능력을 요구한다. 시간은 우리에게 주어진 가장 귀중한 자원이며, 이를 어떻게 활용하느냐가 성공의 핵심이 된다.

강남 사무실에서는 본의 아니게 라꾸라꾸 침대에서 신세를 지는 날이 많았다. 1년 동안 집으로 퇴근한 적은 10번도 채 되지 않았다. 이는 일과 삶의 경계가 모호해지는 현대 사회의 단면을 보여준다.

우리는 때로 일에 몰입하느라 삶의 균형을 잃기도 한다. 하지만 진정한 성공은 일과 삶의 조화에서 온다는 것을 깨닫는 데에는 시간이 걸렸다.

숙식을 겸한 사무실이 되고 나니 점점 짐도 늘어나고 급기야는 사무실이 포화 상태가 되고 말았다. 이는 우리의 목표와 현실 사이의 간극을 보여준다. 우리는 종종 큰 꿈을 꾸지만, 그 꿈을 담기에는 현실의 그릇이 너무 작다는 것을 깨닫는다. 하지만 이런 불편함과 제약이 오히려 우리를 성장시키는 원동력이 된다.

소상공인에게 있어 공간 관리와 시간 관리는 떼려야 뗄 수 없는 관계다. 제한된 공간에서 최대의 효율을 내기 위해서는 철저한 시간 관리가 필수다. 이는 단순히 시간을 쪼개 쓰는 것이 아니라, 각 시간대별로 최적의 업무를 배치하고 집중력을 극대화하는 것을 의미한다.

이 과정에서 우리는 자신의 한계를 알게 되고, 그 한계를 넘어서는 법을 배운다. 목표 관리 역시 중요하다. 큰 꿈을 꾸되, 그것을 현실적인 단기 목표로 쪼개어 관리하는 것이 필요하다.

매일의 작은 성취가 모여 큰 성공을 이룬다는 것을 깨닫게 된다. 좁은 사무실에서의 1년은 나에게 이러한 교훈을 주었고, 이는 후에 사업을 확장할 때 큰 자산이 되었다.

1년쯤 지나자 사무실 공간에 대한 욕심이 생겨났다. 안정적인 내 공간을 마련해야겠다는 결심을 하게 되었다. 이는 단순히 더 넓은 공간을 원하는 것이 아니라, 사업의 성장과 안정을 위한 전략적 결정이었다. 소상공인에게 있어 부동산 투자는 단순한 재테크가 아닌, 사업의 기반을 다지는 중요한 의사결정이다.

새 사무실 위치를 다각도로 물색하기 시작했다. 처음에는 강남 인근으로 알아보다가 신축 건물이면서 주차가 편하고 새벽까지 지하주차장 셔터를 내리지 않는 곳으로 알아보기 시작했다. 온라인 교육과 컨설팅이 주 사업이었기에 꼭 강남일 필요는 없었다.

이 과정에서 나는 부동산 시장의 흐름을 파악하는 것이 소상공인에게도 필수적인 역량이라는 것을 깨달았다. 부동산 가격의 변동, 상권의 이동, 교통 인프라의 발전 등은 모두 사업의 성패에 직접적인 영향을 미치는 요소들이다.

2021년 이른 여름, 지식산업센터 건물 중에서 가격과 위치가 적당한 곳을 찾아냈다. 입주가 3개월 정도 남겨진 지산 건물의 분양권이었다. 그 당시 평당 가격은 900만원대였다. 이는 서울 시내의 다른 상업용 부동산에 비해 상대적으로 저렴한 편이었다.

부동산 시장의 흐름을 읽고 적절한 타이밍에 투자를 결정하는 것은 사업의 장기적인 성공을 위해 매우 중요하다.

온라인 줌으로 주로 강연을 진행하고 오프라인은 주말에 가끔 운영하기에 1,7호선 역세권 위치도 마음에 들었다. 교통의 편리성은 고객과 직원들의 접근성을 높여주는 매우 중요한 요소다. 또한, 역세권 부동산은 일반적으로 가치 상승의 가능성이 높아 장기적인 투자 관점에서도 유리하다고 판단했다.

가산디지털단지역의 최대 장점은 접근성과 편의성에 있다. 주말 오프라인 모임이나 강연을 운영할 때 주차가 매우 용이하다는 점이 큰 이점이다. 또한, 자동차로 이동하는 경우 서울과 인근 경기도에서 30분 이내에 도착할 수 있어 시간 효율성이 높다.

또한, 지방 고객들이 주말 세미나에 참여하기에도 괜찮은 입지다. KTX 광명역에서 지하철로 한 정거장 거리다. 서울역에서도 1호선으로 접근이 가능하다. 서울 고속버스터미널에서 7호선을 이용하면 환승 없이 한번에 도착할 수 있어 고속버스로 지방에서 오는 분들의 접근성도 좋았다.

이러한 다양한 교통 옵션은 고객들의 편의를 높이고, 더 많은 이들이 쉽게 참여할 수 있게 해주었다. 결과적으로 이는 사업 운영의 효율성을 높이고 고객 만족도를 증진시키는 중요한 요소가 되었다.

다만, 평일 출퇴근 최대 러시아워와 지하철 유동인구 1위라는 가산디지털단지역의 위엄에 걸맞게 아침 8시 전후, 저녁 6시 전후 지하철 혼잡도와 도로교통 정체는 전국 1위였다. 이러한 유동인구의 많음은 사업적으로는 기회이지만, 동시에 도전이기도 하다.

혼잡한 교통 상황은 직원들의 업무 효율성에 영향을 줄 수 있기 때문에, 유연근무제 등의 대책을 마련하는 것도 필요했다. 지금도 우리 회사 직원들은 자유 출퇴근제를 적용하고 있다. 오전 10시부터 오후 4시 이렇게 러시아워 시간을 피해 유동적으로 근무중이다.

부동산 투자 결정 과정에서 나는 다양한 경제 지표와 시장 동향을 면밀히 분석했다. 금리 변동, 정부 정책, 지역 개발 계획 등을 종합적으로 고려했다. 이는 단순한 사무실 구입을 넘어, 사업의 미래를 예측하고 준비하는 전략적 접근이었다.

소상공인에게 부동산 경제 이해는 단순한 재산 증식 수단이 아니다. 이는 사업의 지속가능성을 높이고 위기 대응 능력을 강화하는 핵심 요소다. 적절한 위치와 가격의 부동산 선택은 안정적인 사업 성장의 기반을 마련하는 중요한 결정이다.

그러나 아무리 철저히 준비하고 예측해도 경기 하락기에는 모든 소상공인이 어려움을 겪는다는 것을 깨달았다. 최근의 고금리와 대출규제는 나를 포함한 많은 소상공인에게 큰 도전이 되고 있다. 이는 사업 확장의 걸림돌이 되며, 때로는 생존 자체를 위협하기도 한다.

이러한 상황은 개인의 노력만으로는 극복하기 힘든 거시경제적 문제임을 실감했다. 하지만 이 시기를 통해 우리는 더욱 탄력적이고 혁신적인 사업 모델을 구축해야 한다는 값진 교훈을 얻었다.

위기는 분명 기회가 될 수 있지만, 현실은 녹록지 않다. 거시경제의 큰 파도 속에서 매출을 극대화하고 동시에 비용을 절감하는 방안을 찾는 것은 사업가로서 평생 안고 가야 할 숙제 같다.

이 과정에서 끊임없이 시장의 변화를 읽고, 새로운 기회를 포착하며, 때로는 과감한 결단을 내려야 한다. 경기 하락기에도 성장하는 기업들의 공통점은 바로 이러한 유연성과 혁신성에 있다. 하지만 이는 말처럼 쉬운 일이 아니며, 때로는 밤잠을 설치게 하는 고민거리가 된다.

그럼에도 불구하고, 포기할 수 없다. 이러한 도전과 고민이 결국 우리를 더 강하고 지혜로운 사업가로 만들어간다는 믿음으로, 오늘도 나는 이 숙제와 씨름하고 있다.

현재는 사무실 옆에 강의장과 스튜디오를 두고 있다. 대면 강의를 할 때를 제외하고는 이 공간을 외부 고객에게 대여한다. 스페이스클라우드에서 '재노스쿨'을 검색하면 누구나 우리 강의장을 대여할 수 있다.

비싼 은행 이자와 관리비 부담을 고려할 때, 유휴 시간에 공간을 대여하는 것은 경제적으로 도움이 되었다. 이는 사무공간의 효율적 활용과 수익 창출을 동시에 달성하는 전략이었다. 이를 통해 공간은 단순한 비용 요소가 아닌, 새로운 가치를 창출하는 자산으로 변모하였다.

6평 작은 사무실에서 지내다가 24평으로 이사를 하면서 이커머스 쇼핑몰 운영에 필요한 물품들도 서랍장에 보관할 수 있었다. 강남 논현동에서 알게 된 중고매장에서 사무실 집기와 책걸상 등 필요한 물품을 마련했다. 가격도 저렴하고 물건도 깨끗했다. 6평에서 24평으로의 확장은 단순한 물리적 확장 이상의 의미가 있었다. 그것은 내 비전과 꿈이 조금 현실화되는 순간이었다.

6평 작은 사무실에서 24평으로 이사하면서 큰 변화를 경험했다. 이제는 이커머스 쇼핑몰 운영에 필요한 물품들을 여유롭게 보관할 수 있게 되었다.

강남 논현동의 중고매장에서 저렴하고 깨끗한 사무실 집기와 책걸상을 마련해 새 공간을 채웠다. 이 확장은 단순히 공간이 커진 것 이상의 의미가 있었다. 내 꿈과 비전이 조금씩 현실이 되어가는 것을 느낄 수 있었다.

새로운 24평 공간에서는 작은 소모임부터 특강, 세미나까지 다양한 활동을 할 수 있게 되었다. 이 넓고 쾌적한 환경에 만족하고 있을 때, 아랫층에 또 다른 사무실이 매물로 나왔다는 소식을 들었다. 마침 평생교육원 운영 계획을 세우고 있던 터라, 30명 정도 수용 가능한 15평 규모의 강의장이 필요한 상황이었다.

2022년 당시 대출이자 부담이 있었지만, 미래를 위한 투자라고 생각하고 이 공간을 추가로 매입했다. 그리고 기존에 쓰던 24평 공간은 다른 사람에게 임대를 주기로 했다. 이렇게 하면 월세 수입으로 은행 이자를 갚을 수 있어 전체적인 유지 비용을 줄일 수 있었다.

이런 결정들은 쉽지 않았다. 하지만 사업 성장을 위해 꼭 필요했다. 공간 확장은 단순히 크기를 키우는 게 아니다. 사업의 가능성과 잠재력을 넓히는 전략이다. 이로 인해 더 다양한 서비스를 제공하게 됐다. 더 많은 고객들과 만날 기회도 생겼다.

2024년부터는 좋은 변화가 있었다. 협회나 재단에서 교육 프로그램을 통째로 맡기기 시작했다. 기관들이 우리 회사를 선택한 이유 중 하나는 자체 강연장이었다. 이는 공간 확장이 가져온 뜻밖의 혜택이었다. 결과적으로 우리 회사의 특성에 맞는 공간 디자인이 옳았음을 확인하는 순간이었다.

하지만 이러한 확장에 따른 금융비용의 증가는 항상 고민거리였다. 회사의 리스크 관리 측면에서 이는 늘 신중하게 고려해야 할 부분이다. 성장과 안정 사이의 균형을 맞추는 것, 그리고 미래를 위한 투자와 현재의 재정 건전성을 동시에 관리하는 것은 사업가로서 끊임없이 마주해야 하는 과제다. 이러한 도전은 우리를 더 현명하고 전략적인 의사결정자로 만들어가는 과정인 듯하다.

추가로 매입한 지식산업센터는 코너를 낀 구분 호실 세 개로 이루어져 있었다. 인테리어 공사를 통해 이 공간들을 하나로 연결해 총 45평의 새로운 공간으로 탈바꿈시켰다. 이 공간을 효율적으로 활용하기 위해 강의장, 대표실, 직원 사무실, 스튜디오 등으로 구성했다.

특히 대강의장 설계에 가장 많은 공을 들였다. 내가 교육생으로서 경험했던 불편함을 개선하고자 했기 때문이다. 강남의 여러 강연장을 다니며 느꼈던 가장 큰 불편은 좁은 책상과 선명하지 않은 화면이었다. 노트북과 필기도구를 함께 놓기에도 비좁은 책상, 글씨를 알아보기 힘들 정도로 흐릿한 빔프로젝터 화면 등이 특히 기억에 남았다.

이런 경험을 바탕으로, 우리 강의장은 충분히 넓은 책상과 선명한 대형 모니터를 설치했다. 교육생들이 편안하게 집중할 수 있는 환경을 만드는 것이 최우선 과제였다. 결과적으로 이러한 세심한 배려가 교육의 질을 높이고, 수강생들의 만족도를 크게 향상시키는 데 기여했다.

강의장의 품질을 높이기 위해 세심한 투자를 아끼지 않았다. 고성능 와이파이 공유기를 설치하여 원활한 인터넷 환경을 구축했고, 타 강의장에서 보기 힘든 넓은 사이즈의 책상을 준비했다.

특히 눈에 띄는 것은 영화관 수준의 화질을 자랑하는 레이저 빔프로젝터였다. 구글 검색 중 LG의 레이저 빔프로젝터가 대기업 임원실에서 많이 사용된다는 정보를 접하고 과감히 투자를 결정했다.

SNS 강의의 현실감을 높이기 위해 최신형 삼성 플립 전자칠판도 구비했다. 이러한 첨단 장비들은 초기에 상당한 비용이 들었지만, 장기적인 사업 비전을 고려할 때 결코 아깝지 않은 투자였다.

이러한 노력의 결과, 우리는 온라인 강의뿐만 아니라 현장 강의에서도 더 많은 사람들과 질 높은 지식을 나눌 수 있게 되었다. 쾌적하고 효율적인 학습 환경은 수강생들이 더 큰 꿈을 키우고 실현할 수 있는 기반이 되었다.

대강의장 오픈은 우리 사업의 새로운 전환점이 되었다. 이를 통해 평생교육원 프로그램을 확장할 수 있게 되었고, 주말 세미나와 저자 특강 등 현장에서만 경험할 수 있는 귀중한 학습 기회를 제공할 수 있게 되었다.

더불어 스페이스클라우드 플랫폼을 활용해 대강의장 대관 서비스를 시작했는데, 이는 추가적인 수익 창출로 이어졌다. 현재 사과방 스튜디오와 대강의장, 총 두 개의 공간을 대관 중인데, 특히 대강의장의 종일 대관이 가장 인기가 높다. 20~30명 규모의 강의장을 찾는 수요가 생각보다 많았기 때문이다.

이 공간은 다양한 목적으로 활용되고 있다. 인근 기업들이 직원 세미나 장소로 사용하기도 하고, '돈버는형님들'이라는 유튜브 채널에서 정기적으로 이커머스 관련 강연장으로 예약하고 있다. 이렇게 다양한 고객들의 니즈를 충족시키면서, 우리는 공간 활용의 새로운 가능성을 발견하고 있다.

이러한 변화는 단순한 공간 확장을 넘어, 우리 사업의 다각화와 안정적인 수익 구조 창출로 이어졌다. 앞으로도 이 공간을 통해 더 많은 가치를 창출하고, 다양한 학습과 네트워킹의 기회를 제공할 수 있기를 기대한다.

이 여정을 되돌아보면, 성장의 핵심은 시작의 용기와 꾸준함의 힘에 있었다. 6평의 작은 공간에서 시작했지만, 그곳에서의 열정과 노력이 45평으로의 확장을 가능케 했다. 매일의 작은 진보가 모여 오늘의 큰 변화를 이루어냈다.

아마존의 창립자 제프 베조스는 이런 말을 남겼다. "작은 시작으로부터 위대한 일이 일어난다. (Big things start small.)" 이 말은 내 경험과 깊이 공명한다. 우리의 꿈은 크지만, 그 실현의 과정은 작은 일상의 노력들로 이루어진다.

성장은 단순한 공간의 확장이 아니라, 비전의 확장이며 가능성의 확장이다. 이 과정에서 우리는 끊임없이 학습하고, 적응하며, 혁신해야 한다. 그리고 이 모든 것의 시작은 첫 걸음을 내딛는 용기에서 비롯된다.

45평 강의장의 오픈은 목표의 달성이 아닌, 새로운 여정의 시작점이 되었다. 이제 우리의 시야는 더 넓은 지평을 향하고 있다. 전국적인 네트워크 구축과 혁신적인 온라인 플랫폼 개발 등, 더 큰 도전들이 우리를 기다리고 있다. 일상의 작은 실패들을 디딤돌 삼아, 우리는 매일 조금씩 전진하고 있다.

성장의 과정에는 언제나 도전이 따른다. 현재의 고금리 환경은 우리에게 재정적 압박을 주고 있지만, 이 또한 우리를 더 강하고 현명하게 만드는 시험대가 될 것이다.

아리스토텔레스의 말씀이 떠오른다. "우리는 우리가 반복적으로 하는 것이 된다. 그러므로 탁월함은 행동이 아니라 습관이다." 우리의 일상적인 노력과 끈기가 결국 우리를 탁월한 위치로 이끌 것이다.

이 여정에서 성공은 결코 종착점이 아니다. 그것은 우리가 매일 걸어가는 길 그 자체다. 도전과 어려움 속에서도, 우리는 계속해서 전진할 것이다. 왜냐하면 그 과정 자체가 우리를 성장시키고, 우리의 비전을 현실로 만들어가는 열쇠이기 때문이다.

6평에서 45평으로의 확장은 단순한 물리적 공간의 변화를 넘어선다. 이는 꿈의 실현 과정이자, 끊임없는 도전의 기록이었다. 나의 경험이 많은 예비 창업자들, 특히 여성 창업자들에게 영감이 되길 희망한다. 작은 시작이 지닌 무한한 잠재력, 꾸준한 노력이 맺는 결실, 그리고 꿈을 향한 도전의 가치에 대해 나의 사례가 인사이트를 주길 희망한다.

미국의 저명한 작가 랄프 왈도 에머슨은 이렇게 말했다. "위대한 일을 이루려면 위대한 꿈을 꾸어야 할 뿐만 아니라, 그 꿈을 실현시키기 위해 깨어 있어야 하고, 열심히 일해야 하며, 굽히지 말아야 한다."

이 말은 우리의 경험을 정확히 반영한다. 꿈을 꾸는 것에서 그치지 않고, 그 꿈을 현실로 만들기 위해 매일 깨어있는 자세로 도전하는 것이 핵심이다. 나의 성장은 아직 진행형이며, 앞으로도 계속될 것이다. 이는 끝없는 발전과 혁신을 향한 과정이며, 이 길을 걸어가며 계속해서 새로운 가능성을 만들어 나갈 것이다.

현재의 성공과 실패를 넘어, 나는 끊임없이 진화하는 존재다. 매 순간이 새로운 도전이자 배움의 기회이며, 이를 통해 나는 계속해서 성장하고 있다.

오픈톡방에서 원격평생교육원까지: 지식 나눔의 확장

나의 사업 여정은 작은 오픈톡방에서 시작됐다. 처음엔 단순히 내 지식을 나누고 싶다는 열망뿐이었다. 이 작은 시작이 어디로 이어질지 예상하지 못했다.

오픈톡방을 만든 초기 목적은 순수했다. 비슷한 관심사를 가진 이들과 소통하고, 내가 공부하고 일하며 얻은 경험을 나누고 싶었다. 60여 명으로 시작해 매주 2회 이상 무료 온라인 강의를 제공했다.

이 과정에서 가장 큰 성장을 경험한 건 바로 나였다. 사람들의 니즈를 파악하게 됐고, 어떤 정보에 갈증을 느끼는지 알게 됐다. 이는 후에 사업 확장의 중요한 기반이 됐다.

오픈톡방의 성장은 눈부셨다. 100명, 500명, 그리고 어느새 1000명을 넘어섰다. 마치 헨리 포드가 말한 "함께 모이는 것이 시작이고, 함께 머무는 것이 진보며, 함께 일하는 것이 성공이다"라는 말을 실천하는 듯했다. 오픈톡방 커뮤니티에 올라오는 질문에 답하고, 유용한 정보를 정리해 공유하는 일은 매일 비슷하면서도 매일 새로웠다.

때로는 오픈톡방 운영에 밤을 새우며 일했다. 아인슈타인이 "나는 천재가 아니다. 단지 평범한 사람보다 조금 더 오래 문제와 씨름할 뿐이다"라고 한 것처럼, 나 역시 단순히 조금 더 오래 커뮤니티와 씨름했을 뿐이다. 그 과정에서 사람들의 감사 인사를 받을 때마다 큰 보람을 느꼈다. 마치 뜨거운 커피 한 잔을 마시는 것처럼 따뜻하고 힘이 나는 순간이었다.

그러던 어느 날, 한 회원의 제안이 나의 사업 방향을 180도 바꿔놓았다. "선생님, 평생회원 모집은 안하세요?" 이 질문은 마치 뉴턴의 머리 위로 떨어진 사과와도 같았다. 그동안 나는 지식을 나누는 것에만 집중했지, 그것을 멤버십 사업으로 발전시킬 생각은 하지 못했던 것이다.

마치 준비된 사람에게 기회가 온 것처럼, 나는 즉석에서 "네, 다음 주에 공지 나갈 거예요"라고 답했다.

이 순간을 돌아보면, 스티브 잡스의 말이 떠오른다. "점들을 미리 연결할 순 없어요. 오직 과거를 돌아볼 때만 그 연결이 보이죠." 그저 지식을 나누고 싶다는 마음으로 시작한 오픈톡방이, 어느새 사업의 새로운 장을 여는 계기가 되리라고는 상상도 못했다.

이 경험은 나에게 큰 깨달음을 주었다. 우리가 진심으로 무언가에 열정을 쏟을 때, 예상치 못한 기회가 찾아온다는 것을. 그리고 그 기회를 잡을 준비가 되어 있어야 한다는 것을. 마치 농부가 씨를 뿌리고 정성껏 가꾸다 보면 어느새 풍성한 수확의 계절이 오는 것처럼, 나의 작은 노력들이 모여 큰 결실을 맺는 순간이었다.

멤버십 프로그램 준비는 마치 미지의 세계를 탐험하는 것 같았다. 오픈톡방에서 자주 나오는 질문들을 정리하고, 그에 대한 답변을 체계화하는 과정은 마치 퍼즐을 맞추는 것과 같았다. 때로는 한 조각이 어디에도 맞지 않는 것 같아 좌절하기도 했지만, 끈기 있게 노력하다 보면 어느새 전체 그림이 보이기 시작했다.

온라인 줌 카메라 앞에 처음 섰을 때의 떨림은 마치 첫 데이트 때의 설렘과 비슷했다. 내 목소리가 이상하게 들리는 것 같고, 얼굴은 왜 이렇게 어색해 보이는지...

하지만 찰리 채플린의 말처럼 "인생은 가까이서 보면 비극이지만, 멀리서 보면 희극이다." 누군가에게는 나의 그 어리둥절하고 서툰 모양새가 기쁨이었기를 바래본다.

영상 편집은 또 다른 도전이었다. 마치 외계어를 배우는 것 같았다. 'Ctrl+Z'를 수백 번은 눌렀을 것이다. 같은 오류가 반복될 때는 정말 미칠 지경이었다. 하지만 토마스 에디슨이 "나는 실패한 적이 없다. 단지 10,000번의 시도 끝에 성공했을 뿐이다"라고 말한 것처럼, 나 역시 수많은 시행착오 끝에 조금씩 나아져 갔다.

그렇게 하나씩 하나씩 알아가는 과정에서 나는 어느새 스마트워크 툴 강사가 되어가고 있었다. 마치 '우화 속 어리숙한 오리가 어느새 아름다운 백조로 변하는 것' 같은 느낌이었다. 평소에도 기기와 툴을 다루는 데 뛰어난 재능은 없었던 내가, 지금은 왠만한 프로그램이나 도구들을 가르치고 있다는 사실이 스스로도 놀랍다.

첫 온라인 강의를 오픈했을 때의 떨림은 아직도 생생하다. 마치 처음으로 무대에 오르는 배우의 심정이었을 것이다. 과연 사람들이 내 강의를 들어줄까? 내용은 충분할까? 온갖 걱정이 파도처럼 밀려왔다.

마크 트웨인이 "인생에서 가장 중요한 두 날은 태어난 날과 왜 태어났는지 깨닫는 날이다"라고 했듯이, 그날은 내가 왜 이 일을 시작했는지 다시 한 번 깨닫는 순간이었다.

하지만 그 걱정은 기우였다. 블로그 이웃들의 적극적인 지지와 오픈톡방 회원들 덕분에 첫 강의는 성공적으로 마무리되었다. 마치 첫 비행을 성공적으로 마친 라이트 형제의 기쁨과도 같았다.

그 순간 나는 깨달았다. 혼자가 아니라는 것을, 그리고 이 여정이 나 혼자만의 것이 아니라 함께 성장하는 여정이라는 것을.

이 모든 과정은 나에게 큰 교훈을 주었다. 우리는 종종 자신의 한계를 과

소평가한다. 하지만 조금씩 꾸준히 노력하다 보면, 우리는 우리가 생각했던 것보다 훨씬 더 큰 일을 해낼 수 있다.

그리고 그 과정에서 우리는 새로운 자아를 발견하게 된다. 마치 나비의 변태과정처럼, 우리도 끊임없는 도전과 성장을 통해 더 나은 모습으로 변화할 수 있는 것이다.

강의에 대한 반응은 예상 이상으로 좋았다. 수강생들의 피드백은 귀중한 자산이 되었다. 그들의 의견을 바탕으로 강의 내용을 보완하고 새로운 주제를 발굴하는 과정은 마치 지식의 지도를 점점 확장해나가는 것 같았다. 지식을 나누는 과정에서 나 역시 큰 기쁨을 느꼈다. 이런 것이 기버로서의 삶인듯 했다.

한 강의, 두 강의… 어느새 내 온라인 강의 플랫폼은 꽤 규모 있는 콘텐츠를 보유하게 되었다. 각각의 강의는 하나의 퍼즐 조각 같았고, 그 조각들이 모여 더 큰 그림을 만들어갔다. 현재에 안주하지 않고 더 나아가고 싶다는 열망이 커졌다. 마치 등산가가 한 봉우리를 오르고 나서 더 높은 봉우리를 바라보는 것처럼, 나는 더 체계적이고 전문적인 교육을 제공하고 싶었다.

바로 원격평생교육원 설립이었다. 20년간 교육자로 근무했던 내 모든 경험과 지식, 그리고 열정이 집약된 결정체들을 제도화하는 과정 중 하나였다. 서류 준비에만 몇 달이 걸렸다. 처음하는 일이라 모든 것이 낯설고 어색했다. 관계 기관에 수없이 전화하며 상담을 받았다. 밤낮없이 서류를 수정하고 또 수정했다.

그 과정에서 나의 비전은 더욱 선명해졌다. 나는 단순히 지식을 전달하는 것을 넘어, 사람들의 삶을 변화시키는 교육을 하고 싶었다. 법적 절차, 커리큘럼 개발, 교수진 구성 등 해결해야 할 과제들이 산더미같이 쌓여있었다.

하지만 나는 뜻을 같이하는 동료들과 함께 이 도전에 뛰어들었다.

무엇인가 제도적인 시스템을 마련한다는 것은 쉽지 않은 일이다. 때로는 좌절도 했고, 포기하고 싶은 순간도 있었다. 하지만 그때마다 나는 처음 오픈톡방을 시작했을 때의 초심을 떠올렸다. 지식을 나누고 싶다는 그 순수한 열망, 그리고 그 과정에서 느꼈던 기쁨과 보람. 그것이 나를 계속해서 앞으로 나아가게 하는 원동력이 되었다.

마침내 원격평생교육원 설립 인가를 받던 날, 홀가분하면서도 뿌듯했다. 그 작은 오픈톡방에서 시작한 꿈이 이렇게 큰 결실을 맺을 줄 몰랐다. 이제 나는 더 많은 사람들에게 양질의 교육을 제공할 수 있게 되었다.

원격평생교육원을 운영하면서 나는 더 큰 책임감을 느끼게 되었다. 이제는 단순히 내 지식을 나누는 것을 넘어, 다양한 분야의 전문가들과 협력하여 깊이있는 교육을 제공해야 했다. 교육 과정을 개발하고, 우수한 강사진을 확보하는 일에 많은 시간과 노력을 쏟았다.

그 과정에서 어려움도 많았다. 때로는 재정적인 압박에 시달리기도 했고, 기술적인 문제로 골머리를 앓기도 했다. 하지만 그때마다 나를 지탱해준 것은 학습자들의 변화였다. 우리 교육원의 과정을 통해 새로운 직업을 가지게 되었다는 수강생, 자신감을 되찾았다는 학습자들의 이야기는 나에게 큰 힘이 되었다.

지금 돌이켜보면, 오픈톡방에서 원격평생교육원까지의 여정은 하나의 큰 흐름이었다. 처음에는 단순히 지식을 나누고 싶다는 열망으로 시작했지만, 그 과정에서 나는 평생교육의 진정한 가치를 깨달았다. 교육은 단순히 정보를 전달하는 것이 아니라, 사람들의 삶을 변화시키는 힘이라는 것을.

이제 나의 목표는 더 커졌다. 단순히 성공적인 사업을 운영하는 것을 넘어, 우리 사회에 의미 있는 변화를 만들어내는 것이다.

평생교육을 통해 누구나 자신의 꿈을 이룰 수 있는 사회, 배움에 대한 열정으로 가득한 사회를 만들고 싶다.

물론 아직 가야 할 길이 멀다. 하지만 나는 두렵지 않다. 그 작은 오픈톡방에서 시작해 여기까지 왔듯이, 앞으로도 한 걸음 한 걸음 나아갈 것이다. 그리고 언젠가는 나의 이 작은 도전이 더 큰 변화의 씨앗이 되기를 희망한다.

코로나이후 사람들의 온라인교육에 대한 열기는 다소 시들해졌다. 야외활동도 늘어나고 온라인교육에 대한 회의감에 빠진 분들도 있을 것이다. 하지만 여전히 활발하게 지식과 정보가 오가는 그곳을 보며, 온라인교육의 확장 가능성을 의심하지 않는다.

그리고 다시 한 번 다짐한다. 처음 그 마음, 순수하게 지식을 나누고 싶다는 그 열망을 잃지 말자고. 그것이 나를 여기까지 오게 한 원동력이었고, 앞으로도 그럴 것이라고.

현재는 지국장 운영으로 사업을 확장하여 파트너들의 교육사업 성장을 적극적으로 돕고 있다. 이는 단순한 확장이 아닌, 교육의 가치를 더 널리 전파하기 위한 전략적 선택이었다.

우리는 3년권과 10년권 부원장 제도를 통해 지국 운영의 안정성과 지속성을 확보했다. 이 제도는 파트너들에게 장기적인 비전을 제시하고, 그들이 안정적으로 사업을 운영할 수 있는 기반을 마련해준다. 3년 계약은 초기 안정화를 위한 것이며, 10년 계약은 장기적인 성장과 발전을 위한 것이다.

교육비즈니스 파트너로서 우리는 단순히 시스템만 제공하는 것이 아니라, 파트너들의 성공을 위해 전방위적인 지원을 아끼지 않는다. 이는 사업 운영 노하우 공유, 마케팅 전략 수립, 고객 관리 기법 등 다양한 영역을 포함한다.

콘텐츠 개발 지원은 우리 사업의 핵심이다. 끊임없이 변화하는 교육 시장의 요구에 부응하기 위해, 우리는 최신 트렌드를 반영한 콘텐츠를 지속적으로 개발하고 있다. 이를 통해 파트너들은 항상 최신의, 가장 효과적인 교육 콘텐츠를 제공할 수 있게 된다.

마지막으로, 자격과정 지원을 통해 파트너들이 제공하는 교육의 공신력과 가치를 높이고 있다. 이는 수강생들에게 실질적인 혜택을 제공하며, 동시에 파트너들의 경쟁력을 강화하는 중요한 요소가 된다.

이러한 종합적인 지원 체계를 통해, 우리는 파트너들과 함께 성장하며 더 큰 교육의 가치를 창출해 나가고 있다.

콘텐츠에서 커머스로 : 네이버 플랫폼을 통한 성장 스토리

처음 온라인 사업을 시작했을 때, 나는 마치 나침반 없이 바다에 떠 있는 배와 같았다. 어디서부터 시작해야 할지, 어떻게 고객을 끌어모아야 할지 전혀 감이 잡히지 않았다. 미국의 마케팅 구루 필립 코틀러가 "마케팅의 목표는 판매를 불필요하게 만드는 것이다"라고 말했지만, 그 말이 무색하게 나는 판매는커녕 어디서부터 시작해야 할지 막막했다.

그러던 중 네이버 블로그가 나의 첫 아지트가 되었다. SNS를 시작하면서 배웠던 블로그 운영 노하우가 이제 내 사업의 기반이 된 것이다. 블로그는 마치 내 온라인 명함과도 같았다. 일본의 경영학자 오마에 겐이치는 "쓸모없는 정보를 축적하면 혼란만 가중된다"고 했지만, 나는 오히려 블로그에 정보를 쌓아갈수록 더 명확한 방향을 찾아갔다.

한편, 스마트스토어는 1인 기업들의 결제도구로 최적이었다. 마치 만능 주머니처럼, 내가 필요로 하는 모든 기능을 갖추고 있었다. 특히 스마트스토어는 이커머스 중 유일하게 지식창업 상품을 결제할 수 있는 곳이었다. 이는 마치 보물지도에서 X표를 발견한 것 같은 기분이었다.

미국 '광고의 대부' 데이비드 오길비는 "당신이 말하는 것을 사람들이 믿게 만드는 것이 광고의 핵심이다"라고 했다. 스마트스토어는 바로 그 믿음을 줄 수 있는 플랫폼이었다. 안정적인 결제 시스템과 신뢰할 수 있는 브랜드 이미지가 내 사업에 큰 힘이 되었다.

네이버 블로그와 스마트스토어의 조합은 내 사업의 또 다른 터닝포인트가 되었다. 마치 햄버거의 빵과 패티처럼, 이 둘의 조합은 완벽했다. 블로그로 고객과 소통하고 신뢰를 쌓으면, 스마트스토어에서 그 신뢰를 바탕으로 판매로 이어질 수 있었다.

이 과정에서 나는 온라인 마케팅의 진수를 깨달았다. 코틀러의 말처럼 정말로 좋은 마케팅은 판매를 불필요하게 만든다. 블로그를 통해 충분한 가치를 전달하고 신뢰를 쌓으면, 고객들은 자연스럽게 구매로 이어졌다. 이는 마치 물이 높은 곳에서 낮은 곳으로 흐르는 것처럼 자연스러운 과정이었다.

네이버 블로그는 내가 가진 지식과 경험을 공유하기에 최적의 플랫폼이었다. 처음에는 그저 내 생각을 정리하는 공간 정도로 여겼다. 마치 디지털 일기장 같았달까. 하지만 점차 글을 쓰는 재미에 빠져들었고, 내 글에 반응해주는 독자들이 생기기 시작했다.

그들의 댓글과 질문은 나에게 새로운 아이디어와 영감을 주었다. 일본의 마케팅 전문가 야마구치 타다시의 말처럼, "고객의 소리를 듣는 것이 마케팅의 시작이다." 나는 독자들의 반응을 통해 진정한 마케팅의 의미를 깨닫기 시작했다.

블로그를 통해 나는 내 분야의 전문성을 키워나갔다. 글을 쓰기 위해 더 깊이 공부했고, 독자들의 질문에 답하기 위해 끊임없이 연구했다. 마치 퀴즈 프로그램의 패널처럼, 모든 질문에 답할 준비를 갖추려 노력했다.

이 과정에서 나 자신도 크게 성장했다. 미국의 마케팅 전문가 세스 고딘은 "마케팅은 더 이상 당신이 만드는 것에 관한 것이 아니라, 당신이 만들어내는 이야기에 관한 것이다"라고 말했다. 나는 블로그를 통해 내 이야기를 만들어가고 있었다.

블로그는 단순한 글쓰기 공간을 넘어, 나의 지식과 경험을 체계화하는 도구가 되었다. 마치 퍼즐 조각을 맞추듯, 하나하나의 포스팅이 모여 내 전문 분야의 큰 그림을 완성해갔다. 이는 피터 드러커의 "가장 중요한 것은 지식이 아니라 지식의 활용이다"라는 말을 실천하는 과정이었다.

더불어 블로그는 나의 온라인 브랜드를 구축하는 데 큰 역할을 했다. 꾸준한 포스팅과 독자들과의 소통을 통해, 내 이름이 곧 하나의 브랜드가 되어갔다. 필립 코틀러가 말했듯 "브랜드는 고객과의 약속"이다. 나는 블로그를 통해 독자들에게 가치 있는 정보를 제공하겠다는 약속을 지켜나갔다.

블로그 운영은 때로는 고단했지만, 그 과정 자체가 즐거웠다. 마치 요리사가 새로운 레시피를 개발하듯, 나는 매일 새로운 주제와 표현 방식을 연구했다. 이 과정에서 나의 글쓰기 실력과 콘텐츠 기획 능력도 함께 성장했다.

일본의 경영학자 이케다 아파토는 "성장은 곧 행복이다"라고 했다. 블로그를 통한 나의 성장이 큰 행복감을 가져다주었다. 성인이 된 이후, 처음 느껴본 만족감이었다. SNS 소셜네트워크를 통해 타인과 소통하고 신뢰를 얻는다는 것은 엄청난 경험이었다.

그러던 어느 날, 마치 유레카 순간처럼 독자들이 내 블로그 글을 읽고 상품 구매를 문의해오기 시작했다. 그때 나는 깨달았다. 블로그가 단순한 정보 공유의 장을 넘어, 실제 비즈니스로 연결될 수 있다는 것을. 이는 마치 취미로 시작한 요리가 갑자기 레스토랑 오픈의 기회로 이어지는 것과 같았다. 이를 계기로 나는 네이버 스마트스토어에 관심을 갖게 되었다.

스마트스토어는 내게 새로운 세상을 열어주었다. 복잡한 기술 지식 없이도 온라인 쇼핑몰을 열 수 있다는 사실에 놀랐다. 마치 레고 블록을 조립하듯, 필요한 기능들을 하나씩 조합해 나만의 온라인 상점을 만들 수 있었다. 처음에는 어색했지만, 차근차근 기능들을 익혀나갔다. 상품 등록, 주문 관리, 고객 응대 등 모든 것이 한 곳에서 가능했다.

이 과정은 마치 새로운 언어를 배우는 것과 같았다. 처음에는 생소한 용어들과 씨름했지만, 점차 그 의미를 이해하고 활용할 수 있게 되었다. '노출', '전환율', '객단가' 등의 용어가 이제는 일상적인 단어가 되었다.

때로는 실수도 있었다. 한번은 상품 가격을 잘못 입력해 원가보다 싸게 팔뻔한 적도 있었다. 다행히 빠르게 수정할 수 있었지만, 그날 밤 식은땀을 흘렸던 기억이 난다.

스마트스토어의 매력은 즉각적인 피드백에 있었다. 어떤 상품이 잘 팔리는지, 어떤 마케팅 전략이 효과적인지 실시간으로 확인할 수 있었다. 이는 마치 실시간으로 반응을 볼 수 있는 라이브 공연과도 같았다. 고객의 반응에 따라 빠르게 전략을 수정하고 개선할 수 있었다.

또한 스마트스토어는 나의 시간 관리 능력도 향상시켰다. 자동화된 시스템 덕분에 주문 처리나 재고 관리에 들이는 시간을 크게 줄일 수 있었다. 이렇게 절약된 시간은 새로운 상품 개발이나 마케팅 전략 수립에 투자할 수 있었다. 마치 비서를 얻은 것처럼 업무 효율이 크게 높아졌다.

스마트스토어를 통해 나는 단순한 블로거에서 온라인 비즈니스 운영자로 진화했다. 이는 내 경력에 있어 큰 도약이었다. 블로그와 스마트스토어의 시너지 효과는 놀라웠다. 블로그에서 신뢰를 쌓고, 스마트스토어에서 그 신뢰를 바탕으로 판매로 연결되는 구조가 자연스럽게 형성되었다.

특히 좋았던 점은 블로그와의 연계였다. 블로그에 올린 글들이 자연스럽게 스마트스토어로 연결되었다. 예를 들어, 특정 제품에 대한 상세한 리뷰를 블로그에 올리고, 그 글 끝에 스마트스토어 링크를 달았다. 이는 놀라운 효과를 가져왔다. 블로그를 통해 제품에 대한 신뢰를 쌓은 독자들이 자연스럽게 구매로 이어졌다.

블로그와 스마트스토어의 시너지 효과는 정말 대단했다. 블로그는 내 브랜드와 제품에 대한 스토리텔링의 장이 되었고, 스마트스토어는 그 스토리를 바탕으로 실제 거래가 이루어지는 공간이 되었다. 이 두 플랫폼의 결합은 내 온라인 비즈니스의 근간이 되었다.

물론 처음부터 순탄했던 것은 아니다. 블로그 운영과 스마트스토어 관리 또한 처음에는 생각보다 많은 시간과 노력을 필요로 했다. 매일 새로운 콘텐츠를 생산하고, 고객 문의에 답하고, 주문을 처리하는 일은 때로는 버거웠다. 밤을 새워 작업할 때도 많았다.

그러나 이런 노력들이 하나둘 결실을 맺기 시작했다. 블로그 방문자 수가 늘어났고, 스마트스토어 매출도 조금씩 증가했다. 특히 기억에 남는 건, 처음으로 스토어 월 매출 1,000만원을 달성했을 때다. 누군가에게는 큰 금액이 아니겠지만, 처음 사업을 시작한 나에게는 가슴뛰는 일이었다. 특히 지식창업 콘텐츠로만 스토어에서 월 천만원 매출을 일으킨 것이다. 내가 옳은 방향으로 가고 있다는 확신을 주었다.

네이버의 다양한 기능들은 마치 만능 도구처럼 유용했다. 특히 네이버 검색 광고는 내 블로그와 스마트스토어를 더 많은 잠재 고객들에게 노출시키는 강력한 수단이었다.

이는 마치 번화가의 대형 전광판에 내 가게 광고를 올리는 것과 같은 효과를 냈다. 처음에는 키워드 선정이나 예산 설정에 어려움을 겪었지만, 점차 요령을 터득하면서 효과적인 광고 전략을 수립할 수 있었다.

네이버에서 진행하는 빠른정산, 구매확정, 네이버페이의 도입은 판매자로 입점해 있는 나와 같은 영세소상공인들에게는 또 다른 혁신이었다. 판매자 입장에서 수수료가 저렴하고 정산주기가 짧다는 점은 큰 매력이었다.

이러한 간편 정산 시스템은 판매자뿐 아니라 고객들에게도 큰 이점이었다. 그 결과 구매 전환율이 크게 높아졌다. 큰 자본 없이 시작한 나에게도 사업을 안정적으로 운영할 수 있게 해주는 중요한 요소였다.

최근 일부 대형 온라인 쇼핑몰의 미정산 사태는 많은 판매자들에게 충격을 주었다. 이런 상황을 보며, 나와 같은 작은 기업대표들이 스마트스토어와 같은 안정적인 판매 통로에서 기회를 잡는 것이 현명하다는 생각이 들었다.

스마트스토어의 또 다른 장점은 다양한 데이터 분석 도구를 제공한다는 점이다. 어떤 상품이 인기 있을지, 어떤 판매 전략이 효과적일지 등을 데이터를 기반으로 판단할 수 있게 되었다. 물론 스마트스토어가 모든 시스템적인 측면에서 완벽하지는 않을 것이다. 그럼에도 지식창업을 준비중인 소상공인들에게는 최적의 시스템이라고 조언하고 싶다.

결론적으로, 네이버 블로그와 스마트스토어의 조합은 나에게 있어 최고의 선택이었다. 이는 마치 강과 바다의 만남과도 같았다. 블로그라는 강에서 시작된 내용이 스마트스토어라는 바다로 흘러들어, 더 넓은 가능성의 세계를 만들어냈다.

블로그에서 쌓은 신뢰와 전문성이 스마트스토어에서 실제 판매로 이어지는 과정은 자연스러웠다. 강물이 바다로 흘러 들어가듯, 내 지식과 경험이 고객들에게 전달되고 가치를 창출하는 모습을 보며 큰 보람을 느꼈다. 앞으로도 이 두 플랫폼을 활용해 더 넓은 바다로 나아가, 더 큰 성장을 이뤄낼 수 있기를 기대한다.

시간이 지나면서 나는 네이버 생태계의 힘을 실감했다. 블로그의 인기가 높아질수록 검색 결과에서 상위에 노출되었고, 이는 다시 스마트스토어의 매출 증가로 이어졌다. 또한 스마트스토어에서의 좋은 리뷰들이 다시 블로그의 신뢰도를 높이는 선순환이 만들어졌다.

특히 인상 깊었던 것은 네이버의 빅데이터 분석 툴이었다. 블로그 통계와 스마트스토어의 판매 데이터를 분석하면서, 나는 고객들의 니즈를 더 정확히 파악할 수 있었다. 어떤 제품이 인기 있는지, 어떤 콘텐츠가 반응이 좋은지 등의 정보를 바탕으로 비즈니스 전략을 세울 수 있었다.

물론 어려움도 있었다. 경쟁이 치열해지면서 차별화의 필요성을 절실히 느꼈다. 단순히 제품을 나열하는 것으로는 부족했다. 나만의 독특한 브랜드 스토리, 고객들에게 실질적인 가치를 제공하는 콘텐츠가 필요했다.

네이버 로직과 알고리즘이 1년에 2~3차례 변화됨에 따라 그때마다 체크하는 것도 중요했다. 늘 끊임없이 공부하고 연구하는 자세로 겸손하게 사업을 해야한다는 사실을 깨달았다.

또 다른 도전은 고객 서비스였다. 매출이 늘어날수록 고객 문의도 폭증했다. 때로는 밤낮없이 답변을 해야 했고, 때로는 까다로운 고객들 때문에 스트레스를 받기도 했다. 하지만 이 과정에서 나는 고객 응대의 기술을 익혔고, 이는 나중에 큰 자산이 되었다.

지금 돌이켜보면, 네이버 블로그와 스마트스토어는 내 사업의 성장에 결정적인 역할을 했다. 이 플랫폼들은 나에게 단순한 판매 채널 이상의 의미를 가진다. 그것은 내 브랜드를 키우고, 고객과 소통하며, 비즈니스 노하우를 쌓아가는 학습의 장이었다.

특히 감사한 것은 이 플랫폼들이 큰 초기 투자 없이도 사업을 시작할 수 있게 해주었다는 점이다. 작은 아이디어 하나로 시작한 내 사업이 이렇게 성장할 수 있었던 것은 네이버라는 거대한 생태계의 힘 덕분이었다.

물론 네이버 플랫폼에만 의존하는 것의 위험성도 인식하고 있다. 그래서 최근에는 자체 웹사이트 구축, 다른 소셜 미디어 플랫폼 활용 등 채널 다각화를 시도하고 있다. 하지만 여전히 네이버 블로그와 스마트스토어는 내 비즈니스의 중심축이다.

앞으로의 계획이라면 더 많은 가치를 고객들에게 제공하는 것이다. 단순히 제품을 팔기보다는, 고객들의 삶에 긍정적인 변화를 줄 수 있는 콘텐츠와 서비스를 제공하고 싶다. 그 과정에서 네이버 블로그와 스마트스토어는 여전히 중요한 도구가 될 것이다.

최근에는 다양한 디지털 도구들이 소상공인들의 비즈니스를 돕고 있다. 그 중에서도 노션(Notion), 우피(Whoopee), 아임웹(imweb) 등이 주목받고 있다.

노션은 올인원 워크스페이스 도구로, 메모부터 프로젝트 관리, 데이터베이스 구축까지 다양한 기능을 제공한다. 나 역시 노션을 활용해 업무 효율성을 크게 높일 수 있었다. 예를 들어, 블로그 포스팅 계획, 제품 재고 관리, 고객 피드백 정리 등을 노션 하나로 해결하고 있다. 특히 협업 기능이 뛰어나 팀원들과의 소통이 원활해졌다.

우피는 국내에서 개발된 협업 툴로, 카카오톡과 유사한 UI로 사용이 편리하다. 실시간 채팅, 파일 공유, 화상회의 등의 기능을 제공하여 팀 내 소통을 원활하게 해준다. 특히 모바일 사용성이 뛰어나 언제 어디서나 업무 처리가 가능하다는 장점이 있다.

아임웹은 한국의 대표적인 웹사이트 제작 툴이다. 코딩 지식이 없어도 드래그앤드롭 방식으로 쉽게 웹사이트를 만들 수 있다. 나 역시 아임웹을 통해 자체 홈페이지를 구축했는데, 스마트스토어와 연동하여 판매 채널을 다각화할 수 있었다. 또한 SEO 최적화 기능이 뛰어나 검색엔진 노출에도 도움이 되었다.

최근에는 노코드(No-code) 웹사이트 제작 툴들도 주목받고 있다. 웹플로우(Webflow), 버블(Bubble) 등이 대표적이다. 이러한 도구들은 프로그래밍 지식 없이도 복잡한 기능의 웹사이트나 웹 애플리케이션을 만들 수 있게 해준다. 아직 직접 사용해보지는 않았지만, 앞으로의 가능성이 기대되는 도구들이다.

이러한 다양한 도구들을 활용하면서 느낀 점은, 기술의 발전이 소상공인들에게 큰 기회를 제공한다는 것이다. 과거에는 고비용의 전문 인력을 고용해야만 가능했던 일들을 이제는 저렴한 비용으로, 때로는 무료로 할 수 있게 되었다.

하지만 동시에 이러한 도구들을 효과적으로 활용하기 위해서는 꾸준한 학습과 실험이 필요하다는 것도 깨달았다. 새로운 도구를 도입할 때마다 어느 정도의 적응 기간이 필요했고, 때로는 기존 업무 방식을 크게 바꿔야 했다. 그러나 이러한 노력들이 결국 비즈니스의 성장으로 이어졌다.

앞으로도 새로운 디지털 도구들이 계속해서 등장할 것이다. 나는 이러한 변화를 두려워하지 않고, 오히려 적극적으로 수용하고 활용할 계획이다. 물론 네이버 블로그와 스마트스토어는 여전히 내 비즈니스의 중심이 될 것이다. 하지만 이 플랫폼들과 새로운 도구들을 조화롭게 결합하여 더 큰 시너지를 만들어낼 수 있을 것으로 기대한다.

지금도 가끔 처음 블로그를 시작했던 그 날을 떠올린다. 그때는 이렇게 성장할 줄 몰랐다. 하지만 지금 와서 보니, 그때의 작은 시작이 오늘의 나를 만들어냈다. 네이버 블로그와 스마트스토어, 그리고 새롭게 도입한 다양한 디지털 도구들. 이 모든 것들이 나의 꿈을 현실로 만들어준 든든한 파트너였다.

그리고 앞으로도 그럴 것이다. 기술은 계속 발전하겠지만, 그 본질은 항상 사람과 사람을 연결하고, 가치를 전달하는 것임을 잊지 않으려 한다. 그것이 바로 내가 이 모든 도구들을 통해 이루고자 하는 궁극적인 목표이다.

민간자격증의 혁신: 60여 종 자격증으로 만든 교육 생태계

"60여 종의 민간자격증을 직접 운영한다고요?"

이 말을 들은 사람들의 반응은 대부분 놀라움이다. 마치 서커스에서 여러 개의 접시를 동시에 돌리는 묘기를 보는 듯한 표정을 짓는다. 솔직히 말하면, 나 역시 처음에는 이렇게 될 줄 몰랐다. 그저 한 걸음 한 걸음 나아가다 보니 어느새 이런 규모가 되었다.

내가 민간자격증 사업에 발을 들인 것은 우연한 계기였다. 마치 앨리스가 토끼굴에 빠진 것처럼, 나는 새로운 세계로 들어섰다. 당시 나는 평생교육 분야에서 일하고 있었는데, 학습자들이 자신의 능력을 인정받을 수 있는 방법이 필요하다고 느꼈다. 그때 민간자격증이라는 개념을 알게 되었고, 이를 통해 학습자들에게 동기부여를 할 수 있겠다는 생각이 들었다.

첫 자격증을 만들 때는 마치 처음 요리를 배우는 사람처럼 서툴렀다. 자격기본법을 읽고 또 읽었고, 관련 전문가들을 찾아다니며 조언을 구했다. 때로는 좌절도 했지만, 포기하지 않고 계속해서 도전했다. 그 결과, 드디어 첫 번째 민간자격증이 탄생했다.

그 후로 하나둘씩 자격증 종류를 늘려갔다. 마치 정원사가 다양한 꽃을 가꾸듯, 나는 여러 분야의 자격증을 개발하고 운영했다. 시간이 지날수록 노하우가 쌓였고, 자격증 운영 프로세스도 체계화되었다. 60여 종의 자격증을 운영하게 된 지금, 나는 이 일이 단순히 '자격증 발급'이 아닌 '가치 창출'이라는 것을 깨달았다.

이 과정은 결코 쉽지 않았다. 때로는 밤을 새워가며 새로운 자격증의 교재를 만들었고, 평가 기준을 수립하느라 머리를 싸매기도 했다. 하지만 자격증을 취득한 사람들의 기쁜 표정을 볼 때마다, 모든 노력이 가치 있었다고 느꼈다.

'민간자격증 직영운영 60여종, 아무나 못하는 걸'. 이 말은 단순한 자랑이 아니다. 그것은 끊임없는 도전과 열정의 결과물이며, 동시에 앞으로도 계속해서 성장하고 발전하겠다는 다짐이다. 이 여정은 아직 끝나지 않았다. 앞으로도 더 많은 사람들에게 가치 있는 자격증을 제공하기 위해, 나의 도전은 계속될 것이다.

첫 번째 자격증을 개발하는 과정은 예상보다 복잡하고 도전적이었다. 자격기본법과 관련 규정들을 철저히 분석하고 이해하는 데 상당한 시간을 투자했다. 자격검정 내용 구성과 평가 기준 수립은 특히 까다로웠다. 피터 드러커의 말처럼 "측정할 수 없으면 관리할 수 없다"는 원칙을 염두에 두고, 객관적이고 공정한 평가 시스템을 구축하는 데 주력했다.

승인 과정 또한 순탄치 않았다. 한 자격증은 다섯 번의 보류 끝에 여섯 번째 시도에서 승인을 받았고, 또 다른 자격증은 1년이라는 시간이 걸렸다. 이 과정을 통해 품질 관리의 중요성과 끈기의 가치를 배웠다.

초기에는 자격증에 대한 인지도와 수요가 제한적이었다. 그러나 점진적으로 변화가 일어났다. 우리 자격증 취득자들의 성공 사례가 축적되기 시작했다. 대학의 객원교수 임용, 디지털 강사로의 활동 등 실질적인 성과가 나타났다. 이는 워렌 버핏의 "품질은 기억되지만, 가격은 곧 잊힌다"는 말을 상기시켰다.

우리는 자격증의 품질과 실용성에 초점을 맞추었고, 그 결과 시장에서 점차 인정을 받기 시작했다. 이러한 성공 사례들은 자격증의 가치를 입증하는 중요한 지표가 되었으며, 지속적인 품질 향상과 시장 요구 반영의 필요성을 일깨워주었다.

성공 경험을 토대로 자격증 포트폴리오를 다각화했다. IT, 경영, 교육, 상담, 복지 등 다양한 분야로 확장했다. 잭 웰치의 말처럼 "변화의 속도가 조직 외부의 변화 속도보다 느리다면 끝이 가까워오고 있는 것"임을 명심하며, 지속적으로 새로운 영역을 탐색하고 혁신을 추구했다.

새로운 자격증 개발 시 해당 분야 전문가들과 긴밀히 협력했다. 피터 센게의 "학습하는 조직" 개념을 적용해 현장의 요구사항을 분석하고 실제 업무에 도움 되는 내용으로 자격증을 구성했다.

현재 60여 종의 자격증을 운영 중이다. 이 과정에서 이 사업이 '아무나 할 수 없는 전문적인 영역'임을 깊이 인식했다. 말콤 글래드웰의 "1만 시간의 법칙"을 떠올리게 하는 이 경험은 자격증 운영의 복잡성과 전문성을 여실히 보여준다. 이 사업의 특수성과 도전성에 대한 핵심적인 이유를 몇 가지 설명하고자 한다.

첫째, 끊임없는 학습과 연구가 필수다. 60개 분야에 대해 일정 수준 이상의 지식을 유지해야 한다. 모든 분야의 전문가가 될 순 없지만, 각 분야의 트렌드와 주요 이슈를 파악해야 한다. 피터 드러커의 "우리가 알고 있다고 생각하는 것이 우리가 보는 것을 결정한다"는 말을 되새기며, 매주 각 분야에 1-2시간씩 투자하는 습관을 들였다. 이는 단순한 시간 투자가 아니라 지식의 깊이를 더하는 과정이다.

예를 들어, IT 분야의 자격증을 운영하면서 블록체인, 인공지능 등의 최신 기술 동향을 파악하고, 이를 자격증 내용에 반영한다. 또한, 경영 분야에서는 ESG, 디지털 전환 등의 새로운 패러다임을 이해하고 적용한다. 이러한 노력은 자격증의 현장 적용성과 가치를 높이는 데 크게 기여한다.

둘째, 법적, 행정적 절차에 대한 깊은 이해가 필요하다. 민간자격증은 자격기본법에 따라 운영되며, 주기적인 관리·감독을 받는다. 이 법적 요건을 충족하지 못하면 자격증 운영 자체가 불가능해진다. 벤자민 프랭클린의 "실패를 준비하는 것은 실패를 계획하는 것과 같다"는 말처럼, 관련 법규의 변경 사항을 지속적으로 모니터링하고, 필요시 즉각 운영 방식을 조정한다.

예를 들어, 최근 개정된 자격기본법에 따라 자격검정 방식과 평가 기준을 전면 수정한 경험이 있다. 또한, 개인정보 보호법 강화에 따라 응시자 정보 관리 시스템을 전면 개편하기도 했다.

이런 법적, 행정적 대응은 단순히 규정을 따르는 것을 넘어, 자격증의 신뢰성과 공신력을 높이는 중요한 과정이다. 더불어, 정부 정책 변화에 따른 새로운 자격증 수요를 예측하고 선제적으로 대응하는 것도 중요한 업무 중 하나다.

셋째, 고도의 관리 능력이 요구된다. 60개의 자격증은 마치 60개의 작은 회사를 운영하는 것과 같았다. 각 자격증마다 교재를 만들고, 강사를 관리하며, 시험을 치르고, 증서를 발급하는 등 복잡한 과정이 필요했다. 이를 잘 관리하기 위해 전문적인 방법을 사용했다.

예를 들어, PMBOK라는 프로젝트 관리 지침을 활용했다. PMBOK는 프로젝트 관리의 모범 사례를 모아놓은 안내서다. 이를 자격증 운영에 적용해 체계적으로 관리했다. 구체적으로 설명하면 이렇다:

1. 범위 관리
자격증이 다루어야 할 내용과 목표를 명확히 정했다. 예를 들어, '디지털 마케팅 전문가' 자격증을 만들 때, SNS 마케팅, 검색 엔진 최적화, 콘텐츠 마케팅 등 필수 내용을 개념화하고, 실사례와 실습과정을 강화했다.

2. 시간 관리

자격증 개발부터 시험 실시까지의 일정을 꼼꼼히 계획했다. 예를 들어, 교재 개발에 3개월, 시험 문제 출제에 1개월, 시험 준비와 실시에 2개월 등으로 시간을 배분했다.

3. 품질 관리

자격증의 내용과 평가 방식이 적절한지 지속적으로 점검했다. 예를 들어, 매 시험 후 합격률과 응시자 피드백을 분석해 개선점을 찾았다.

이러한 방식으로 각 자격증을 꼼꼼히 관리했으며, 이는 자격증의 가치와 신뢰도를 높이는 데 큰 도움이 되었다.

직원 교육에도 많은 투자를 했다. 특히 린(Lean) 경영 기법을 도입해 큰 효과를 봤다. 린 경영은 불필요한 과정을 줄이고 핵심 가치에 집중하는 방식이다. 예를 들어, 자격증 발급 과정에서 불필요한 서류 작업을 줄이고 온라인 시스템을 활용해 처리 시간을 크게 단축했다. 이전에는 자격증 발급에 일주일이 걸렸지만, 이제는 하루 만에 가능해졌다.

또한, 전사적 자원관리(ERP) 시스템을 구축했다. ERP는 회사의 모든 정보를 하나의 시스템에서 관리하는 방식이다. 이를 통해 자격증 관리, 교재 재고 관리, 고객 관리를 한 곳에서 할 수 있게 되었다. 예를 들어, 어떤 자격증의 응시자가 늘어나면 자동으로 교재 주문이 이루어지고, 강사 배정도 즉시 조정되는 시스템을 만들었다.

이러한 변화로 데이터에 기반한 빠른 의사결정이 가능해졌다. 예를 들어, 특정 자격증의 인기도 변화를 실시간으로 파악하고 즉시 대응할 수 있게 되었다. 이는 운영의 투명성과 효율성을 크게 높이는 결과를 가져왔다.

넷째, 지속적인 품질 관리가 자격증 운영의 핵심이었다. 자격증의 가치는 그 내용의 질과 직결된다고 보았다. 그래서 정기적으로 각 자격증의 내용을 검토하고 업데이트했다.

이를 위해 델파이 기법을 활용했다. 델파이 기법은 전문가들의 의견을 여러 차례 수집하고 종합하는 방법이다. 예를 들어, '인공지능 전문가' 자격증을 개발할 때, 첫 번째로 AI 분야의 전문가 20명에게 필요한 역량에 대해 물었다. 그 답변을 정리해 다시 전문가들에게 보내 의견을 물었다. 이 과정을 3-4회 반복해 최종적으로 자격증에 포함될 내용을 결정했다.

또한, 갭 분석(Gap Analysis)을 통해 현재 자격증 내용과 산업 요구 사항 간의 차이를 파악하고 개선했다. 갭 분석은 '현재 상태'와 '목표 상태' 사이의 차이를 분석하는 방법이다. 예를 들어, '디지털 마케팅' 자격증의 경우, 현재 자격증 내용과 실제 기업에서 요구하는 기술과 역량을 비교했다. 이 과정에서 '소셜 미디어 광고 집행' 능력이 부족하다는 것을 발견하고, 이를 자격증 내용에 추가했다.

이러한 노력을 통해 자격증의 실용성과 현장 적용성을 크게 높일 수 있었다. 결과적으로 우리 자격증의 가치와 신뢰도가 지속적으로 상승했다.

이렇듯 한국미디어창업연구소에서는 민간자격증의 품질 관리 시스템을 체계화하는 데 집중했다.

예를 들어, ISO 9001은 국제표준화기구에서 제정한 품질 관리 시스템에 대한 국제 표준이다. 우리가 자격증을 만들고 운영하는 모든 과정이 국제적으로 인정받는 높은 수준의 품질 기준을 만족하기 위해 최선을 다하고 있다.

1. 모든 업무 프로세스를 문서화하여 누구나 일관된 품질의 업무를 수행할 수 있게 한다.
2. 고객 피드백을 체계적으로 수집하고 분석하는 시스템을 구축한다.
3. 정기적인 내부 감사를 통해 지속적으로 개선점을 찾고 발전시킨다.

또한, 식스 시그마의 DMAIC(정의, 측정, 분석, 개선, 관리) 프로세스를 도입해 지속적인 품질 개선을 진행했다. DMAIC는 문제를 체계적으로 해결하는 방법론이다.

1. 정의(Define)
'온라인 시험 응시율이 낮다'는 문제를 정의했다.

2. 측정(Measure)
6개월간의 온라인 시험 응시율 데이터를 수집했다.

3. 분석(Analyze)
데이터 분석 결과, 시험 플랫폼의 사용 어려움이 주요 원인임을 발견했다.

4. 개선(Improve)
사용자 친화적인 새로운 온라인 시험 플랫폼을 도입했다.

5. 관리(Control)
새 플랫폼 도입 후 응시율을 지속적으로 모니터링하고 필요시 추가 개선을 진행했다.

이 과정을 통해 온라인 시험 응시율을 30% 높이는 성과를 달성했다. 이러한 노력들로 우리 자격증의 현장 적용성과 신뢰도를 크게 향상시킬 수 있었다.

최신 트렌드 반영을 위해 빅데이터 분석 기술을 적극 활용했다. 소셜 미디어 데이터, 산업 보고서, 학술 논문 등 다양한 소스의 데이터를 수집하고 분석해 각 분야의 트렌드를 파악했다. 이는 마치 디지털 시대의 점쟁이가 된 것 같은 느낌이었다. 과거의 점쟁이가 주역을 읽었다면, 우리는 빅데이터를 읽은 셈이다.

예를 들어, 소셜 미디어 분석을 통해 'NFT 아티스트'에 대한 관심이 급증하는 것을 발견했다. 마치 디지털 골드러시를 목격한 것 같았다. 이를 바탕으로 'NFT 크리에이터' 자격증을 신속하게 개발해 시장의 니즈에 선제적으로 대응했다.

또한, 산업 보고서 분석을 통해 'ESG 경영'이 주요 화두로 떠오르는 것을 포착했다. 이는 마치 기업들의 새로운 생존 매뉴얼이 생긴 것과 같았다. 이에 따라 기존의 '경영 컨설턴트' 자격증 내용에 ESG 관련 모듈을 추가하며 시대의 흐름을 반영했다.

학술 논문 분석을 통해서는 인공지능 기술의 세부 트렌드를 파악했다. 이는 마치 미래의 설계도를 들여다보는 것 같았다. 이를 바탕으로 '딥러닝 전문가', '자연어 처리 엔지니어' 등의 세분화된 자격증을 개발해 전문성을 높였다.

이러한 빅데이터 분석은 자격증 내용의 주기적 업데이트에도 큰 도움이 되었다. 마치 소프트웨어의 버전 업그레이드처럼, 우리 자격증도 계속해서 새로운 버전으로 업데이트되고 있다. 이를 통해 자격증의 현장 적용성과 시장 가치를 지속적으로 높일 수 있었다.

결과적으로, 이러한 노력은 우리 자격증이 항상 시대의 최전선에 서 있도록 만들었다. 우리는 단순히 트렌드를 따라가는 것이 아니라, 때로는 트렌드를 만들어내기도 한다. 이는 마치 서핑을 하는 것과 같다. 파도를 읽고, 그 파도에 올라타며, 때로는 새로운 파도를 만들어내는 것. 이것이 바로 우리가 추구하는 자격증 운영의 핵심 철학이다.

다섯째, 윤리적 책임감이 필요하다. 민간자격증은 개인의 능력을 인증하는 중요한 수단이다. 마하트마 간디의 말처럼 "한 사람의 양심은 전체 사회의 양심보다 강하다"는 믿음으로, 우리는 공정하고 객관적인 평가를 최우선 가치로 삼았다.

우리는 엄격한 평가 기준을 세우고, 이를 철저히 준수하는 데 집중하였다. 이는 마치 법정에서 판사가 공정한 판결을 내리는 것과 같은 무게감을 가진다. 존 F. 케네디가 말했듯이, "한 사람의 용기 있는 행동이 역사의 흐름을 바꿀 수 있다." 우리는 이 말을 가슴에 새기며, 때로는 수익성을 포기하더라도 원칙을 지키려 노력하고 있다.

특히 실기시험을 통해 자격이 있는 사람들이 제대로 평가받고 자신감을 얻을 수 있도록 돕고 있다. 이는 마치 올림픽에서 선수들이 공정한 경쟁을 통해 메달을 획득하는 것과 같다.

넬슨 만델라가 "교육은 세상을 변화시키는 가장 강력한 무기"라고 말했듯이, 우리는 자격증이 개인의 성장과 사회의 발전을 위한 강력한 도구가 될 수 있다고 믿는다.

우리의 이러한 노력은 장기적으로는 자격증의 가치와 신뢰도를 높이는 결과를 가져왔다. 워렌 버핏의 말처럼 "평판을 쌓는 데는 20년이 걸리지만, 무너지는 데는 5분이면 충분하다." 이 말을 항상 명심하며, 매 순간 윤리적 결정을 내리려 노력한다.

결과적으로, 이러한 윤리적 접근은 우리 자격증의 사회적 가치를 높이는 데 크게 기여했다. 알버트 아인슈타인이 말했듯이, "지식보다 중요한 것은 상상력이다." 우리는 이 말에 영감을 받아, 단순히 지식을 평가하는 것을 넘어 창의성과 실무 능력을 종합적으로 평가하는 방식을 도입했다. 이를 통해 자격증 소지자들이 실제 현장에서 더 큰 가치를 발휘할 수 있도록 돕고 있다.

이러한 노력의 결실로, 우리의 자격증들은 시장에서 점진적으로 인정받기 시작했다. 특히 협회와 대학의 교수학습센터로부터 긍정적인 반응을 얻었다. 이는 마치 오랜 시간 정성껏 키운 나무에서 첫 열매가 맺히는 것을 보는 듯한 보람찬 경험이었다.

2024년은 우리에게 특별한 의미를 지닌 해였다. 경기체육회에서 SNS디자인마스터 자격과정 운영을 의뢰해 왔는데, 이는 우리의 전문성을 인정받은 중요한 사례였다. 6월과 7월에 걸쳐 총 24시간의 현장강의를 제공했으며, 40여 명의 수강생 중 18명이 자격증을 취득하는 성과를 거두었다.

더불어, 대학의 교수학습센터에서 웹소설과정과 그림동화과정 운영을 요청받아 대표 직강으로 온라인 줌 강연을 진행했다. 이 모든 의뢰가 해당 과정에 대한 키워드 검색을 통해 직접 들어왔다는 점은 우리 프로그램의 온라인 가시성과 평판이 크게 향상되었음을 시사한다.

이러한 성과들은 우리 프로그램의 가치를 외부로부터 인정받은 것이라 여겨 기쁨과 자부심을 느꼈다. 동시에 이는 더 큰 책임감을 안겨주었다. 앞으로도 끊임없는 혁신과 품질 향상을 통해 대외적인 신뢰에 부응하고, 더 많은 이들에게 가치 있는 교육 기회를 제공하고 있다.

평생교육의 사회적 기여도를 높이기 위해 본원에서는 자격증 별로 지국장제도를 만들어 평생교육원의 부원장 제도를 운영하기 시작했다. 이는 우리의 교육 시스템을 더욱 확장하고 지역 특성에 맞는 맞춤형 교육을 제공하기 위한 전략적 결정이었다.

지국장제도는 각 지역의 교육 전문가들이 우리의 자격증 프로그램을 운영할 수 있게 하는 시스템이다. 이를 통해 우리는 전국 각지에서 더 많은 학습자들에게 접근할 수 있게 되었다. 각 지국장은 해당 지역의 특성과 요구사항을 잘 이해하고 있어, 지역 맞춤형 교육 프로그램을 개발하고 운영할 수 있다는 장점이 있었다.

부원장 제도는 이러한 지국장들 중 특히 우수한 성과를 보인 이들에게 더 큰 책임과 권한을 부여하는 제도다. 부원장들은 단순히 자격증 프로그램을 운영하는 것을 넘어, 새로운 교육 과정 개발, 강사 교육, 품질 관리 등에 참여하게 된다. 이는 우리 교육 시스템의 지속적인 발전과 혁신을 위한 중요한 동력이 되고 있다.

이 제도의 도입으로 우리는 여러 가지 긍정적인 효과를 경험했다.

첫째, 교육의 지역화가 가능해졌다. 각 지역의 특성에 맞는 사례와 실습을 교육에 포함시킴으로써, 학습자들의 이해도와 만족도가 크게 향상되었다.

둘째, 교육의 질적 향상을 이루었다. 다양한 배경을 가진 지국장과 부원장들의 아이디어와 경험이 교육 내용을 더욱 풍성하게 만들었다.

셋째, 우리의 브랜드 인지도가 전국적으로 확대되었다. 각 지역에서 활발히 활동하는 지국장들 덕분에 우리 자격증의 가치가 더 널리 알려지게 되었다.

물론 이 과정에서 도전도 있었다. 전국적으로 일관된 교육 품질을 유지하는 것, 지국장들과의 원활한 소통과 협력 체계를 구축하는 것 등이 주요 과제였다. 이를 해결하기 위해 우리는 정기적인 교육과 워크샵을 진행하고, 온라인 플랫폼을 통한 실시간 소통 체계를 구축했다.

앞으로 이 제도를 더욱 발전시켜, 전국 어디서나 높은 품질의 교육을 받을 수 있는 환경을 만들어갈 계획이다. 이를 통해 우리는 평생교육의 새로운 모델을 제시하고, 더 많은 이들에게 성장의 기회를 제공하고 있다.

그러나 이 여정이 순탄치만은 않았다. 가장 큰 도전은 자격증 난립에 대한 사회적 우려였다. 일부에서는 민간자격증의 과도한 증가가 오히려 혼란을 가중시킨다는 비판을 제기했다. 이는 마치 신호등 없는 복잡한 교차로와 같은 상황을 초래할 수 있다는 우려였다.

이에 대응하기 위해 우리는 더욱 철저한 질 관리에 나섰다. 자격증 개발 과정에서 산업 현장의 요구를 더욱 면밀히 반영하고, 평가 기준을 한층 강화했다. 또한 자격증의 실효성을 입증하기 위해 취득자들의 성공 사례를 꾸준히 발굴하고 홍보했다.

이는 마치 등대가 안개 속에서 배들에게 방향을 제시하는 것과 같은 역할을 했다. 우리는 이를 통해 우리의 자격증이 단순한 종이 한 장이 아닌, 실제 직무 능력을 보증하는 신뢰할 수 있는 지표라는 점을 입증하고자 노력했다.

또 다른 어려움은 경쟁의 심화였다. 우리의 성공을 목격한 많은 업체들이 민간자격증 시장에 뛰어들었다. 이는 마치 황금을 찾아 몰려드는 골드러시와 같은 양상을 띠었다. 시장은 점점 더 복잡해지고, 경쟁은 날로 치열해지고 있다.

이에 우리는 차별화 전략을 세웠다. 단순히 자격증을 발급하는 것에 그치지 않고, 취득자들에게 지속적인 교육과 네트워킹 기회를 제공했다. 예를 들어, 정기적인 워크샵과 세미나를 개최하여 최신 트렌드를 공유하고, 온라인 커뮤니티를 통해 취득자들 간의 정보 교류를 촉진했다.

또한, 기업들과의 협력을 통해 자격증 취득자들의 취업 및 경력 개발을 지원했다. 이는 마치 자격증이라는 씨앗을 뿌리는 것에서 그치지 않고, 그 씨앗이 튼튼한 나무로 자랄 수 있도록 지속적으로 물을 주고 가꾸는 것과 같았다. 이러한 노력들은 우리 자격증의 가치를 더욱 높이는 결과를 가져왔고, 경쟁사들과의 차별점을 명확히 하는 데 큰 역할을 했다.

60개의 자격증을 운영하면서 가장 큰 보람을 느끼는 순간은 취득자들의 성공 소식을 접할 때다. 우리 자격증 덕분에 오랫동안 꿈꾸던 직장에 취업했다는 이야기, 새로운 분야의 강사로 발돋움하게 되었다는 후기, 혹은 자격증을 바탕으로 창업에 성공했다는 소식을 들을 때마다 가슴이 뜨거워진다. 이런 순간들은 마치 오랜 시간 정성껏 가꾼 나무에서 열매가 맺히는 것을 보는 것과 같은 기쁨을 준다.

특히 중년의 경력단절 여성이 우리 자격증으로 새 인생을 시작했다는 말을 들을 때면, 이 일을 시작하길 정말 잘했다는 생각이 든다. 이러한 성공 사례들은 우리가 단순히 자격증을 발급하는 것이 아니라, 누군가의 인생에 긍정적인 변화를 가져오는 중요한 역할을 하고 있다는 것을 실감하게 해준다.

민간자격증 사업을 통해 나 또한 많은 것을 배웠다.

첫째, 이 분야에서 성공하기 위해서는 끊임없이 공부하고 변화해야 한다는 것을 깨달았다. 기술과 산업 환경이 빠르게 변화하는 만큼, 우리의 자격증도 그에 발맞춰 지속적으로 업데이트되어야 했다.

둘째, 원칙을 지키는 것의 중요성을 배웠다. 한 번 잃은 신뢰를 회복하는 것은 수십 배의 노력이 필요하다는 사실을 알고있었기에, 단기적인 이익을 위해 타협하는 순간, 자격증의 가치와 신뢰도가 무너질 수 있다는 것을 항상 명심했다.

셋째, 무엇보다 교육의 힘을 믿는 것이 중요하다는 것을 깨달았다. 적절한 교육과 인증은 개인의 삶을 변화시킬 뿐만 아니라, 사회 전체의 발전에도 기여할 수 있다.

이러한 깨달음들은 어려운 순간마다 나를 지탱해주는 힘이 되었고, 더 나은 자격증 운영을 위한 밑거름이 되었다. 앞으로도 이러한 원칙들을 바탕으로, 더 많은 이들에게 성장의 기회를 제공하고 사회에 긍정적인 변화를 가져올 수 있는 자격증을 만들어나가고자 한다.

현재 우리의 주력 과제는 기존 자격증의 질적 향상이다. 예를 들어, '디지털 마케팅 전문가' 자격증의 경우, 최근 급변하는 소셜 미디어 알고리즘과 데이터 분석 기법을 반영하여 커리큘럼을 전면 개편했다.

실제 기업들의 마케팅 사례 연구를 강화하고, 구글 애널리틱스와 같은 실무 도구 활용 능력을 평가 항목에 추가했다. 이러한 변화로 자격증 취득자들의 실무 적용력이 크게 향상되었다는 피드백을 받고 있다.

동시에 4차 산업혁명 시대에 부응하는 새로운 형태의 자격 인증 시스템을 구상 중이다. 이는 단순히 기존 시스템을 개선하는 차원을 넘어, 자격증의 가치와 신뢰성을 근본적으로 향상시키기 위한 노력이다.

우리는 기술의 발전이 자격 인증 분야에도 혁신을 가져올 수 있다고 믿으며, 이를 통해 자격증이 단순한 종이 한 장이 아닌 실질적인 능력의 증명이 될 수 있도록 노력하고 있다. 이러한 노력은 자격증 취득자들의 경쟁력 향상뿐만 아니라, 기업과 사회가 필요로 하는 인재를 더 정확하게 식별하고 활용할 수 있게 해줄 것이다.

첫째, 온라인 기반의 자격 검정 시스템을 도입하고 있다. 'AI 개발자' 자격증의 경우, 기존의 필기시험 방식에서 벗어나 실시간 원격 응시 플랫폼을 활용한 실기 평가를 실시하고 있다.

응시자들은 주어진 문제를 실제 업무 환경과 유사한 온라인 IDE(통합개발환경)에서 해결하며, 이를 통해 실제 업무 수행 능력을 더욱 정확히 평가할 수 있게 되었다. 이 시스템은 단순 암기식 지식을 평가하는 것이 아니라, 실제 문제 해결 능력을 평가할 수 있어 큰 호응을 얻고 있다.

더불어, 이 시스템은 지역에 상관없이 누구나 응시할 수 있어 자격증 취득의 기회를 더 많은 이들에게 제공하고 있다. 이는 특히 지방이나 해외에 거주하는 응시자들에게 인기가 많다.

또한, 시험 결과가 실시간으로 처리되어 즉각적인 피드백이 가능하며, 이를 통해 응시자들은 자신의 강점과 약점을 빠르게 파악할 수 있다. 향후에는 AI 기술을 활용하여 실시간으로 채점하고 피드백을 제공하는 기능도 추가할 예정이다. 이를 통해 응시자들은 단순히 합격 여부를 넘어, 자신의 장단점을 지속적으로 개선할 수 있는 기회를 얻게 될 것이다.

둘째, 블록체인 기술을 활용한 자격 증명 시스템 도입을 준비 중이다. 이는 자격증의 위조를 방지하고 신뢰성을 높이는 데 큰 역할을 할 것으로 기대된다. 예를 들어, '핀테크 보안 전문가' 자격증의 경우, 블록체인 기반의 디지털 인증서를 발급할 예정이다.

이를 통해 취득자들은 자신의 자격을 온라인상에서 쉽고 안전하게 증명할 수 있게 될 것이다. 블록체인 기술의 특성상 한번 기록된 정보는 변조가 불가능하므로, 자격증의 신뢰도가 크게 향상될 것으로 예상된다. 이는 자격증 위조나 허위 경력 문제로 고민하는 기업들에게 큰 도움이 될 것이다.

또한, 이 시스템은 자격증 취득 이력, 갱신 정보, 추가 교육 이수 내역 등을 종합적으로 관리할 수 있어, 취득자의 지속적인 전문성 개발을 촉진하고 관리할 수 있다. 이는 자격증이 일회성 성취가 아닌, 지속적인 학습과 성장의 증거가 될 수 있게 해준다.

더 나아가 기업들이 이 시스템을 통해 직접 인재를 검증하고 채용할 수 있는 플랫폼으로의 발전도 구상 중이다. 이를 통해 구직자와 기업 간의 더욱 효율적이고 신뢰성 있는 매칭이 가능해질 것으로 기대된다.

셋째, 인공지능(AI)을 활용한 맞춤형 학습 시스템도 개발 중이다. 'ESG 경영 컨설턴트' 자격증 과정에서는 AI가 학습자의 강점과 약점을 분석하여 개인별 맞춤 학습 콘텐츠를 제공하는 시스템을 시범 운영 중이다.

이를 통해 학습 효율성이 20% 이상 향상되었다는 초기 연구 결과를 얻었다. 이 시스템은 학습자의 학습 패턴, 퀴즈 결과, 과제 수행 능력 등을 종합적으로 분석하여 각 개인에게 최적화된 학습 경로를 제시한다.

예를 들어, 재무 분야에 강점을 보이는 학습자에게는 더 심화된 재무 관련 콘텐츠를, 환경 분야에 약점을 보이는 학습자에게는 기초부터 차근차근 학습할 수 있는 콘텐츠를 제공한다. 이는 학습자 개개인의 니즈와 수준에 맞는 교육을 제공함으로써, 학습 효과를 극대화하고 불필요한 시간 낭비를 줄일 수 있게 해준다.

또한, 학습자의 일정과 학습 속도를 고려하여 최적의 학습 계획을 수립해주는 기능도 포함되어 있다. 이를 통해 바쁜 직장인들도 효율적으로 학습을 진행할 수 있게 되었다.

향후에는 이 시스템을 더욱 발전시켜, 실시간으로 학습자의 이해도를 체크하고 즉각적인 피드백을 제공하는 AI 튜터 기능도 추가할 계획이다. 이 AI 튜터는 학습자의 질문에 24시간 응답할 수 있으며, 학습 내용에 대한 추가 설명이나 관련 자료 추천 등의 서비스도 제공할 예정이다.

이러한 새로운 기술의 도입은 자격증의 가치와 신뢰성을 높이는 동시에, 취득자들에게 최신 기술 트렌드를 직접 경험할 수 있는 기회를 제공한다. 우리는 이러한 혁신적인 접근을 통해 자격증 제도가 4차 산업혁명 시대의 인재 양성에 중추적인 역할을 할 수 있을 것으로 기대하고 있다.

60여 종의 민간자격증을 운영하는 것은 결코 쉬운 일이 아니다. 각 자격증마다 고유의 특성과 도전 과제가 있어, 마치 60개의 다른 회사를 동시에 운영하는 것과 같다.

예를 들어, '빅데이터 분석 전문가' 자격증의 경우, 급변하는 데이터 기술 트렌드를 반영하기 위해 매년 커리큘럼을 업데이트해야 한다. 반면 '문화관광해설사' 자격증은 지역별 특성을 고려한 맞춤형 교육 내용 개발이 필요하다. 이처럼 각기 다른 요구사항을 충족시키며 일관된 품질을 유지하는 것은 상당한 도전이다.

하지만 이 일이 누군가의 인생을 변화시킬 수 있다는 믿음이 나를 계속 전진하게 한다. 실제로 우리의 '출판기획마케팅지도사' 자격증을 취득한 40대 주부가 성공적으로 자신의 글쓰기 회사를 설립한 사례가 있다.

또한, '인공지능콘텐츠전문가' 자격을 취득한 한 50대 교육생이 미디어콘텐츠학과에 입학하고, AI를 활용한 그림동화 단독저서 저자로 새로운 경력을 시작했다. 이러한 성공 사례들은 자격증이 단순한 종이 한 장이 아니라 실제적인 가치와 기회를 제공할 수 있다는 것을 입증한다.

나는 오늘도 이러한 믿음을 바탕으로 열심히 일한다. 최근에는 'AI영상콘텐츠 크리에이터' 자격증 개발에 착수했다. 이를 위해 관련 업계 전문가들과의 자문 회의, 시장 수요 조사, 커리큘럼 개발 등을 진행하고 있다.

또한, 기존의 '온라인 마케팅 전문가' 자격증의 평가 방식을 개선하기 위해 실제 캠페인 기획 및 실행을 포함한 프로젝트 기반 평가 시스템을 도입하고 있다.

앞으로도 더 많은 사람들이 자신의 가치를 인정받고 꿈을 이룰 수 있도록 돕고 싶다. 이를 위해 산업 현장의 요구를 더욱 면밀히 반영한 자격증 개발, 취득자들을 위한 지속적인 교육 및 네트워킹 프로그램 강화, 그리고 AI와 빅데이터를 활용한 개인 맞춤형 학습 시스템 도입 등을 계획하고 있다.

그것이 바로 내가 이 일을 계속하는 이유다. 자격증이라는 도구를 통해 개인의 성장을 돕고, 나아가 사회의 발전에 기여할 수 있다는 믿음이 나를 이 길로 이끌었고, 지금도 계속해서 전진하게 만든다. 앞으로도 변화하는 시대에 발맞춰 혁신을 거듭하며, 더 많은 이들의 꿈과 희망을 실현하는 데 기여하고자 한다.

민간자격증 사업은 단순히 증서를 발급하는 일이 아니다. 그것은 사람들의 삶에 변화를 주는 일이며, 사회의 발전에 기여하는 일이다. 그래서 나는 이 일을 자랑스럽게 여기며, 앞으로도 최선을 다해 임할 것이다. 아무나 못 하는 일? 맞다. 하지만 그만큼 보람 있고 가치 있는 일이기도 하다.

1인 출판사의 도전: 책으로 꿈을 이루다

어릴 적부터 나는 책에 대한 깊은 애정을 가지고 있었다. 책은 나에게 새로운 세상을 열어주는 창문이자, 지식의 보고였으며, 때로는 위로의 원천이었다.

석박사과정에서 여러 권의 번역서와 교재를 집필했고, 교육부 교과서정책과에서 근무했던 이력 덕분에 이러한 관심은 더욱 깊어졌고, 출판 산업에 대한 이해도 넓혔다. 그 과정에서 언젠가는 나만의 책을 만들고 싶다는 열망이 자라났다.

1인출판사를 시작하게 된 계기는 예상치 못한 곳에서 왔다. 평소 운영하던 블로그에 부동산, 경제교육 콘텐츠와 금융상식에 대한 글을 꾸준히 올렸는데, 어느 날 한 독자가 내 글을 모아 온라인강의로 판매해보자는 제안이었다.

온라인강의를 클래스101과 클래스유에 런칭하자 출판사에서 러브콜을 보내오기 시작했다. 나의 경제경험을 책으로 출간하면 좋겠다는 의견을 제시했다. 이 제안은 내 안에 잠자고 있던 작가의 꿈을 일깨웠다. 또한, 출판의 꿈도 일깨웠다.

이 아이디어에 영감을 받아 출판 시장에 대해 자세히 알아보기 시작했다. 혼자서 출판사를 운영하는 것의 좋은 점과 어려운 점, 필요한 법적 절차, 그리고 어떤 기술과 자원이 필요한지 꼼꼼히 조사했다.

특히 주문 후 인쇄(POD) 기술이 발전하면서 혼자 출판사를 시작하는 것이 전보다 훨씬 쉬워졌다는 점이 인상적이었다.

책을 만들기 위해 준비하는 과정에서 가장 어려웠던 점은 편집하고 디자인하는 기술을 배우는 것이었다. 전문가에게 도움을 받아 '인디자인(InDesign)'과 '포토샵(Photoshop)' 같은 책 만드는 프로그램 사용법을 배웠다.

또한 글자체를 다루는 방법과 책 내용을 보기 좋게 배치하는 방법도 익혔다. 이 과정이 쉽지는 않았지만, 책을 만드는 모든 단계를 직접 경험해볼 수 있어서 정말 값진 경험이었다.

재노북스 출판사를 설립하고 첫 책을 출간하기까지 약 6개월이 걸렸다. '나도 AI콘텐츠 제작으로 돈벌어볼까'라는 제목의 이 책은 인공지능과 관련해 실사례 중심으로 집필한 책이었다. 인공지능 관련 사이트를 직접 활용하는 방법을 바탕으로 재구성한 것이었다.

당시 가장 반응이 좋았던 인공지능 사이트들을 선별하고, 예비독자들의 피드백을 반영하여 내용을 더욱 풍성하게 만들었다. 또한 전문가 검토를 거쳐 내용의 정확성과 신뢰성을 높였다.

책 표지 디자인에도 많은 공을 들였다. 여러 버전의 표지를 만들어 지인들과 블로그 독자들의 의견을 들었고, 최종적으로 가장 호응이 좋은 디자인을 선택했다. 초판 1000부를 인쇄했는데, 예상 외로 빠르게 소진되었다. 온라인 서점과 SNS를 통한 입소문 덕분에 출간 2주 만에 도서유통사이트에서 분야별 베스트셀러가 되었다.

이 경험은 나에게 큰 자신감을 주었고, 1인출판사로서의 가능성을 확인하는 계기가 되었다. 독자들의 긍정적인 리뷰와 추가 주문 요청은 내가 올바른 방향으로 가고 있다는 확신을 주었다.

특히 한 독자가 보내온 "이 책 덕분에 인공지능을 공부하는 게 쉬워졌어요. 정말 감사합니다"라는 메시지는 지금도 잊을 수 없다.

이후 꾸준히 책을 출간해왔고, 현재는 연간 50여종의 책을 발행하고 있다. 인터넷신문사 '미디어창업뉴스' 객원기자들과 함께 집필한 '광고하지말고 언론하라'도 출간즉시 언론미디어분야 베스트셀러가 되었다.

현재는 언론시리즈 두 번째 책을 바로 출판기획해서 집필진을 모으는 중이다. 소상공인과 1인창업을 위한 100일 과제를 주제로 원고를 쓰고 있다. 이 책은 많은 예비 창업자들에게 실질적인 도움을 주기를 희망한다.

주로 교육, 자기계발, 온라인 비즈니스 관련 주제를 다루고 있다. 이 분야들은 내가 직접 경험하고 전문성을 쌓아온 영역이라 더욱 깊이 있는 내용을 전달할 수 있었다. 매 책마다 최신 트렌드와 실용적인 팁을 담아내려 노력했고, 이는 독자들에게 좋은 반응을 얻었다.

최근에는 오디오북과 e북 시장으로도 영역을 확장했다. 디지털 시대에 맞춰 다양한 형태로 콘텐츠를 제공하는 것이 중요하다고 판단했기 때문이다. e북은 비교적 쉽게 제작할 수 있었지만, 오디오북은 새로운 도전이었다.

특히 오디오북 제작 과정에서 성우 섭외, 녹음 기술 습득 등 새로운 도전에 직면했다. 처음에는 직접 나레이션을 하려 했지만, 전문성이 떨어진다는 피드백을 받아 결국 전문 성우를 섭외했다. 녹음실 대여, 음질 관리, 편집 등 생각지 못한 어려움도 많았다. 하지만 이 과정을 통해 오디오 콘텐츠 제작에 대한 이해도 높아졌고, 새로운 시장의 가능성도 발견할 수 있었다.

출판시장에서는 오디오북이 2027년까지 연평균 26.4% 성장할 것으로 예상하고 있다. 지금이 바로 오디오북 전문가로 도약할 때다. 오디오북작가

1급자격과정을 운영하면서 교육생들에게 바로 오디오북 나래이터로 참여할 수 있도록 지원하고 있다.

이러한 다양한 시도와 경험들은 1인출판사로서의 내 역량을 한층 더 강화시켜 주었다. 앞으로도 변화하는 출판 시장에 발맞춰 새로운 도전을 계속할 예정이다.

1인출판사를 운영하면서 가장 큰 장점은 콘텐츠에 대한 완전한 통제권을 가질 수 있다는 것이다. 대형 출판사와 달리, 나는 책의 주제 선정부터 내용, 디자인, 출간 시기까지 모든 것을 내 의도대로 결정할 수 있다.

이는 내가 중요하다고 생각하는 메시지를 독자들에게 온전히 전달할 수 있게 해준다. 또한, 시장의 변화에 빠르게 대응할 수 있어 트렌드에 민감한 주제의 책을 적시에 출간할 수 있다는 것도 큰 장점이다.

반면 마케팅과 유통은 여전히 큰 도전 과제다. 대형 출판사들과 경쟁하며 책의 존재를 알리고 판매하는 것은 결코 쉽지 않다. 이를 극복하기 위해 SNS 마케팅 기법을 연구하고, 독립서점들과의 네트워크를 구축하는 등 다각도로 노력하고 있다.

인스타그램과 유튜브를 활용한 콘텐츠 마케팅에 특히 공을 들이고 있으며, 독자들과의 직접적인 소통을 통해 팬층을 넓혀가고 있다. 또한, 독립서점들과 협력하여 작은 규모의 북토크 행사를 주기적으로 개최하고 있는데, 이는 책 홍보와 독자와의 유대감 형성에 큰 도움이 되고 있다.

앞으로의 계획은 더 다양한 분야의 책을 출간하고, 해외 시장 진출을 모색하는 것이다. 현재 주력하고 있는 교육, 자기계발 분야 외에도 문학, 예술, 과학 등 다양한 장르로 영역을 확장할 예정이다. 이를 위해 각 분야의 전문가들과 협업을 추진 중이며, 새로운 시각과 깊이 있는 내용을 담은 책들을 기획하고 있다.

특히 번역 사업에 관심이 있어, 해외의 좋은 책들을 국내에 소개하는 것도 준비 중이다. 영어권 국가뿐만 아니라 유럽, 일본 등 다양한 국가의 우수한 도서들을 발굴하여 한국 독자들에게 소개하고자 한다. 이를 위해 해외 출판사들과의 네트워크 구축에도 힘쓰고 있다.

1인출판사로 시작했지만, 궁극적으로는 작지만 강한 전문 출판사로 성장하는 것이 목표다. 소수의 전문 인력과 함께 품질 높은 책을 꾸준히 선보이며, 특정 분야에서 독자들의 신뢰를 받는 출판사로 자리매김하고자 한다. 이를 위해 편집, 디자인, 마케팅 등 각 분야의 전문가들과의 협업 체계를 구축해 나가고 있다.

물론 처음부터 순탄했던 것은 아니다. 출판업에 대해 아는 것이 전혀 없었기 때문에 모든 것을 처음부터 배워야 했다. 출판 등록부터 시작해서 원고 편집, 디자인, 인쇄, 유통까지 모든 과정을 혼자 해내야 했다.

법적 절차를 밟는 과정에서 여러 번 좌절을 겪었고, 처음 만든 책의 디자인이 마음에 들지 않아 밤새 수정한 적도 있었다. 인쇄소와의 소통 과정에서 발생한 오해로 인해 초판 전체를 폐기해야 했던 아찔한 경험도 있었다.

때로는 너무 벅차서 포기하고 싶은 마음도 들었다. '왜 이 어려운 일을 시작했지?' 자문하기도 했다. 특히 첫 책의 판매가 예상보다 저조했을 때는 큰 좌절감을 느꼈다.

하지만 그때마다 내가 이 일을 시작한 이유, 즉 좋은 책으로 사람들의 삶에 긍정적인 영향을 주고 싶다는 초심을 떠올렸다. 또한, 어려움을 겪을 때마다 도움을 준 주변 사람들의 응원과 조언이 큰 힘이 되었다. 이런 과정을 거치며 조금씩 성장해 왔고, 지금은 그때의 어려움이 오히려 값진 경험이 되었다고 생각한다.

하지만 책에 대한 열정이 나를 계속 전진하게 만들었다. 밤을 새워가며 출판에 관한 서적을 탐독하고, 온라인 강의를 수강했다. 마치 갈증 난 사람이 물을 마시듯, 출판에 관한 모든 정보를 흡수하려 노력했다.

또한, 경험 많은 출판인들을 찾아다니며 조언을 구했다. 그들의 말 한마디 한마디가 나에겐 금쪽같은 가르침이었다. 이렇게 조금씩 지식을 쌓아가면서 내 출판사의 청사진을 그려나갔다.

그 과정에서 나는 단순히 책을 찍어내는 것이 아니라, 독자들에게 진정한 가치를 전달하는 출판사를 만들고 싶다는 비전을 갖게 되었다. 각 책이 독자의 삶에 작은 변화라도 일으킬 수 있기를 바라는 마음으로, 기획 단계부터 세심한 주의를 기울이기 시작했다.

그러던 중 운명적인 만남이 있었다. 해리컴티의 신해리 대표와의 만남이 그것이다. 처음에는 단순히 인스타그램 다이렉트 메시지를 통해 틱톡 강연을 의뢰했을 뿐이었다. 그러나 신 대표는 직접 가산디지털단지에 있는 내 사무실을 방문해주었다. 이 만남은 예상치 못한 방향으로 전개되었다.

우리는 반나절 동안 쉴 새 없이 서로의 사업에 대한 아이디어를 나누었다. 마치 오랜 친구처럼 대화가 술술 풀렸다. 비즈니스에 대한 열정과 비전을 공유하는 사람을 만난 것은 처음이었다. 그 순간 나는 이 만남이 단순한 우연이 아님을 직감했다.

대화 중 신해리 대표가 흥미로운 이야기를 꺼냈다. "단독 저서를 쓰고 싶은데 모 출판사에 갔더니 1,500만원을 내면 만들어 준다고 하더라"는 것이었다. 그 말을 듣는 순간, 나는 기회를 포착했다. 주저 없이 재노북스에서 기획 출간을 해보면 어떻겠냐고 제안했고, 다행히 신 대표는 흔쾌히 수락해주었다.

이 프로젝트는 우리 둘 모두에게 특별한 의미가 있었다. 신해리 대표에게는 첫 단독 저서였고, 나에게는 재노북스의 첫 외부 저자 기획 도서였다. 우리는 이 책을 통해 각자의 새로운 도전을 시작하게 된 것이다.

이 경험은 나에게 출판의 새로운 가능성을 보여주었다. 단순히 내 글만을 출판하는 것이 아니라, 다양한 분야의 전문가들과 협업하여 더 넓은 스펙트럼의 책을 만들어낼 수 있다는 것을 깨달았다. 이를 계기로 나는 재노북스의 미래 방향성을 더욱 명확히 할 수 있었다.

드디어 첫 책을 출간하던 날, 그 감동은 말로 표현하기 어려웠다. 재노북스의 첫 단독저서인 신해리 대표의 '다잘잘'을 손에 들었을 때, 가슴이 벅차올랐다. 내 이름을 딴 출판사에서 나온 책을 마주하니, 이것이 바로 내가 꿈꾸던 일이라는 확신이 들었다. 그 순간은 마치 오랜 여정 끝에 정상에 오른 등산가의 기분과도 같았다.

이 경험은 단순한 성취감을 넘어, 앞으로의 방향성을 더욱 명확히 해주었다. 나는 이 책을 통해 독자들에게 어떤 가치를 전달할 수 있을지, 어떻게 하면 더 많은 사람들에게 이 메시지를 전할 수 있을지 고민하기 시작했다.

1인출판사를 운영하면서 가장 큰 장점은 자유롭게 내가 원하는 책을 만들 수 있다는 것이다. 대형 출판사라면 상업성을 우선 고려해야 하겠지만, 나는 내가 정말 가치 있다고 생각하는 책들을 출간할 수 있다.

때로는 틈새시장을 노리는 책을, 때로는 사회적 메시지가 강한 책을 만들 수 있다. 이런 자유는 창의성을 최대한 발휘할 수 있게 해주며, 출판의 진정한 가치를 실현할 수 있게 해준다.

예를 들어, 최근에는 그림동화와 학습만화 분야에 새로운 도전을 시도했다. 우리 출판사의 그림동화 수업에 참여한 무명 작가들이 집필한 그림동화 시리즈를 기획한 것이다. 대형 출판사였다면 무명 작가들의 시장성을 우려해 망설였을 수도 있는 프로젝트였다. 하지만 나는 아동 도서에 대한 깊은 이해와 신뢰를 바탕으로 과감히 출간을 결정했다.

이 프로젝트의 특별한 점은 인공지능 기술을 활용해 처음으로 도서를 만들어낸 교육생들의 작품이라는 것이다. 전통적인 출판 방식에서 벗어나, 최신 기술을 창작 과정에 접목시킨 혁신적인 시도였다.

물론 이 결정이 쉽지는 않았다. 그림동화 제작에 들어가는 비용이 일반 도서의 3배 이상이었기 때문이다. 하지만 나는 이 프로젝트가 가진 잠재력과 의미를 믿었다.

결과는 예상 이상으로 좋았다. 이 그림동화 시리즈는 많은 독자들의 호응을 얻었고, 참여한 무명 작가들에게는 의미 있는 성장의 기회가 되었다. 더불어 인공지능을 활용한 창작 과정은 출판계에 새로운 가능성을 제시했다는 평가를 받았다.

이 경험은 1인 출판사의 장점을 다시 한번 확인시켜 주었다. 시장성만을 고려하지 않고, 새로운 시도와 가치 있는 콘텐츠에 과감히 투자할 수 있다는 것. 그리고 그런 도전이 때로는 예상치 못한 성공으로 이어질 수 있다는 것을 깨달았다.

하지만 이런 판단에는 책임이 따른다. 모든 의사결정을 혼자 해야 하기 때문에 그만큼 부담도 크다. 어떤 책을 출간할지, 몇 부를 인쇄할지, 어떻게 마케팅을 할지 등 모든 것을 결정해야 한다. 때로는 이런 결정들이 두렵고 어렵게 느껴지기도 한다. 특히 초기 투자 비용과 재고 관리의 부담은 항상 신중한 판단을 요구한다.

한 번은 너무 낙관적으로 판매량을 예측해 과도한 초판을 인쇄했다가 재고 처리에 애를 먹은 적이 있다. 이 경험은 나에게 큰 교훈이 되었고, 이후로는 더욱 신중하게 시장 분석을 하고 인쇄 부수를 결정하게 되었다.

그럼에도 불구하고, 이런 도전과 책임은 나를 더욱 성장시키는 원동력이 되고 있다. 매 결정마다 시장을 분석하고, 독자들의 니즈를 파악하며, 출판 트렌드를 연구하는 과정은 나를 더 나은 출판인으로 만들어주고 있다. 1인 출판사로서의 이 여정은 때로는 힘들지만, 그만큼 보람차고 의미 있는 길이라고 확신한다.

특히 재정적인 부분에서의 부담이 크다. 대형 출판사들과 달리 자본금이 넉넉하지 않기 때문에 한 번의 실패가 치명적일 수 있다. 그래서 매 책마다 신중에 신중을 기한다. 하지만 동시에 이런 제약이 오히려 더 창의적인 아이디어를 낼 수 있게 해주기도 한다.

1인출판사를 운영하면서 힘들었던 점은 서점유통과 마케팅이었다. 다행인 것은 출판유통 시스템이 온라인으로 재편성되었다는 사실이다. 교보, 예스, 알라딘, 영풍문고와 직접 계약을 맺고 온라인 판매에 주력했다.

소셜미디어를 활용해 책을 홍보하고, 도서마케팅 전문가들에게 도움을 받았다. 이 과정에서 마케팅의 중요성을 절실히 깨달았다.

또 다른 어려움은 다양한 역할을 혼자 수행해야 한다는 점이었다. 저자를 발굴하고, 원고를 검토하고, 편집하고, 디자인하고, 인쇄를 감독하고, 마케팅까지 해야 한다. 때로는 이 모든 일을 동시에 처리해야 할 때도 있었다. 이런 상황에서 시간 관리와 우선순위 설정이 얼마나 중요한지 배웠다.

그럼에도 불구하고, 1인출판사를 운영하는 것은 나에게 큰 보람을 준다. 특히 독자들의 긍정적인 반응을 들을 때면 그동안의 고생이 모두 잊혀진다. 내가 만든 책이 누군가의 인생을 조금이라도 변화시켰다는 이야기를 들을 때면 이 일을 하길 정말 잘했다는 생각이 든다.

1인출판사를 운영하면서 나는 끊임없이 배우고 성장한다. 책의 기획부터 제작, 유통까지 전 과정에 참여하면서 출판업에 대한 이해도가 높아졌다. 또한 다양한 분야의 저자들과 소통하면서 새로운 지식과 통찰을 얻는다. 이는 내 개인적인 성장에도 큰 도움이 된다.

물론 1인출판사가 대형 출판사와 경쟁하기는 쉽지 않다. 하지만 우리에게는 우리만의 강점이 있다. 빠른 의사결정, 틈새시장 공략, 저자와의 밀접한 관계 등이 그것이다. 나는 이런 강점을 살려 나만의 출판 브랜드를 만들어가고 있다.

나는 더 많은 독자들에게 가치 있는 책을 전하고 싶다. 단순히 책의 수를 늘리는 것이 아니라, 한 권 한 권의 퀄리티를 높이는 데 집중하고 싶다. 지금은 전자책, 오디오북, POD 등 다양한 형태의 출판을 시도하고 있다. 변화하는 독서 환경에 발맞춰 나도 계속 진화해 나갈 것이다.

출판과정에서 서점유통과 마케팅보다 첫 발목을 잡은 것은 디자인이었다. '다잘잘' 첫 책은 프리랜서에게 디자인 외주를 주었고, 두 번째 책인 '나도 AI콘텐츠 제작으로 돈 벌어볼까'부터는 디자인에도 직접 참여하기 시작했다. 중간 중간 북디자인 강연을 하는 강사들께 도움을 받았다. 지금은 1년만에 종이책 10여종, 전자책 40여종, POD 5종을 직접 디자인해서 출판하고 있다.

웹소설과 웹툰 제작도 기획 중이고, 다음달부터는 웹소설 연재도 시작한다. 전자책과 디지털콘텐츠가 더욱 확장될 것으로 보고 자격증과정과 출판 프로세스를 매칭하고 있다.

교육에 참여해서 자격증을 취득한 교육생이 실제 웹소설작가가 될 수 있도록 진로취업지원까지 확장하고 있다. 교육생들이 프로그램을 통해 배운 것을 실제 콘텐츠로 만들어 내고 수익화까지 연결하는 과정을 끊임없이 고민하고 있다. 이것이 우리 프로그램의 최대 장점이기도 하다.

오디오북작가, 북디자인전문가, 웹소설작가과정, 인공지능콘텐츠작가, 그림동화출판지도사, 출판기획마케팅지도사 등 수많은 교육프로그램을 통해 자격증 취득자들이 어떤 콘텐츠든 아웃풋을 만들어 내고 수익화를 할 수 있도록 연계하는 브릿지 역할을 하고 있다. 아웃풋을 낸 작가를 다시 강연의 강사로 모시고 있다.

1인출판사를 운영하면서 나는 '작지만 강한' 출판사의 가능성을 보았다. 비록 규모는 작지만, 우리는 빠르게 변화하는 출판 시장에 더 유연하게 대응할 수 있다. 또한 저자들과 더 깊은 관계를 맺을 수 있어, 그들의 이야기를 더 진실되게 전달할 수 있다.

가장 기쁜 순간은 새로운 저자를 발굴했을 때다. 아직 알려지지 않은 재능 있는 작가의 원고를 읽고, 그것을 책으로 만들어 세상에 선보이는 일은 정말 가슴 뛰는 일이다. 이런 순간들이 있기에 힘들어도 이 일을 계속할 수 있다.

'천국이정표'를 집필한 개척교회 최매실 목사를 알게 되었을 때, '그들의 신은 누구인가' 김시온 저자를 만났을 때, '(가제) 셜록탐정' 학습만화를 집필 중인 정원훈 작가를 만났을 때, 북디자인 강연을 통해 강지행, 오션 작가를 만났을 때 그들의 재능을 책으로 변환하는 과정은 힘들지만 무척 보람있다.

또한, 강의를 통해 만난 교육생들과 함께 공저를 통해 작가로 등단시키는 과정도 의미있다. '쿠키와 친구들' 그림동화를 집필한 유양석작가 또한 인공지능 강의를 듣다가 그림동화 단독저서 집필까지 진행하게 되었다.

인공지능콘텐츠작가 1급자격과정에 참여한 교육생들이 함께 참여한 '내 손안의 AI 스튜디오' 또한 그러하다. 현재는 노션생산성관리1급자격과정에 참여한 교육생들과 '(가제)노션생산성UP' 공저책을 집필중이다.

1인출판사를 꿈꾸는 이들에게 해주고 싶은 말이 있다. 열정만으로는 부족하다. 출판에 대한 깊은 이해와 끊임없는 학습이 필요하다. 또한 재정 관리 능력도 중요하다. 하지만 무엇보다 중요한 것은 '왜' 이 일을 하고 싶은지에 대한 명확한 답을 가지고 있어야 한다는 것이다.

책을 사랑하는 마음, 좋은 책을 세상에 전하고 싶다는 열망. 이것이 바로 내가 1인출판사를 시작하고 지금까지 운영해올 수 있었던 원동력이다. 앞으로도 이 마음을 잃지 않고 계속해서 좋은 책을 만들어나가고 싶다.

1인출판사를 운영하는 것은 결코 쉬운 일이 아니다. 하지만 그만큼 보람있고 가치 있는 일이기도 하다. 내가 만든 책이 누군가에게 영감을 주고, 위로가 되고, 새로운 세상을 열어준다면 그것만으로도 충분히 의미 있는 일이라고 생각한다.

현재는 직원들이 함께 교정편집, 디자인 업무를 수행하고 있다. 인공지능의 빠른 성장으로 인해 출판유통 업무가 획기적으로 간소화되고 있다. 생성형 AI를 어떻게, 얼마나 잘 다루느냐에 따라 기존에 사람이 하던 업무가 십분의 일 정도로 줄어들기도 한다. 혼자 하던 것보다 직원들, 인공지능과 함께 하는 업무가 더 즐겁다. 2024년 출간될 학습만화 시리즈도 기대된다.

책이 좋아 시작한 1인출판사. 이제는 이 작은 출판사가 나의 열정이자 삶의 이유가 되었다. 앞으로도 나는 이 길을 계속 걸어갈 것이다. 한 권의 책, 한 명의 독자를 소중히 여기면서.

최재희

이 작가는 평범한 주부로 시작해 여러 도전과 실패를 딛고 일어선 진정한 다크호스입니다. 세 아이를 키우면서 자영업에 도전했지만, 메르스와 코로나 팬데믹으로 두 번의 큰 좌절을 겪었습니다. 그러나 그녀는 포기하지 않고 새로운 길을 찾아 6년간 8000명 이상의 회원을 보유한 온라인 커뮤니티를 성공적으로 운영했습니다. 특히, 300회 이상의 독서모임을 주도하며 리더십을 발휘했고, 독서모임 리더 양성과정을 8기까지 진행하며 100명 이상의 리더를 배출했습니다.

그녀는 AI 콘텐츠 강사로서 고등학교 AI 영화제작 과정과 AI를 활용한 전자책 작성 과정을 강의하며 디지털 시대에 걸맞은 교육자로 자리잡았습니다. 현재도 다크호스북클럽과 북콘서트를 통해 독서모임을 시스템화하고 있으며, 끊임없는 배움과 도전을 통해 많은 이들에게 영감을 주고 있습니다. 그녀의 여정은 끊임없는 성장이며, 이를 통해 많은 이들에게 새로운 가능성을 열어주는 멘토로 활발히 활동 중입니다.

- 위드제이 컨텐츠 커뮤니티 대표
- 지피티 연구소 소속 강사
- KDMA 한국디지털미디어협회 강사

여성창업시대

리더가 된 여자들
도전에 답하다.

Part 2

방구석 독서모임으로 남편월급 따라잡기

CONTENTS

온라인 독서 모임 당장 시작해야 하는 이유	79
오프라인 사업 쫄딱 망하고 난 이렇게 온라인 독서 모임 시작했다	81
독서 모임 어떻게 시작해야 할지 막막하시다구요?	85
난생처음 진행해도 전문가 소리 듣는 독서 모임 진행 노하우	90
독서 모임으로 짭짤한 수익 창출하는 방법	95

온라인 독서 모임 당장 시작해야 하는 이유

"책을 굳이 함께 읽어야 하나요?"
"그렇다. 책을 함께 읽으면 한 권의 책을 5~10번 읽는 효과가 있다."
"굳이 지금 해야 하나요?"
"그렇다. 굳이 하지 않을 이유가 없다. 가장 저렴하게 빠른 시간에 성장할 기회를 왜 미루는가? 지금 시작하라."

돈이 많이 풀리고 인플레이션으로 물가는 상승하지만, 여전히 우리의 지갑 사정은 얇아지고 있다. 좀 더 나를 성장시키면 지갑 사정이 나아질까 하며 지금 자기 모습에 안주하기보다 어제보다 나은 자신을 찾기 위해 가장 많이 선택하는 것이 바로 책이다.

책을 통해 우리는 지금까지 스스로가 알고 있던 것을 확인하고 그것을 실행하는 자신을 통해 지금 스스로가 잘하고 있다는 위로를 받는다. 무엇보다 새로운 지식과 지혜가 쌓여서 점점 성장하는 자신을 만나게 된다.

그렇다면 혼자 책을 읽어도 되는데 왜 독서 모임을 해야 하는가?

코로나 이전에는 독서 모임이 오프라인으로 이루어져 지역과 공간의 한계가 있었다. 그래서 독서 모임은 정말 열정적으로 자기 계발을 하는 사람들만의 영역이거나 MZ세대들의 취미 활동 정도로 여겨졌다. 그래서 책을 혼자 읽는 것이라는 생각이 강했다.

코로나 이후 온라인 문화가 자연스러워지고 화상 회의 플랫폼을 통한 활동이 점점 확장되면서, 어떤 날은 정말 매일 밤 다른 일정을 소화하고 있기도 하다.

이제는 온라인으로 독서 모임을 하는 것이 너무 당연하게 인식되고 있다. 무엇보다 지역과 공간의 자유로움이 주는 편안함이 매력적이다.

여전히 독서를 굳이 같이 해야 하나 의문을 가지는 사람, 온라인 모임에 익숙하지 않아 자신을 드러내기 힘들어하는 사람 등 독서 모임에 대한 인식이 아직 미비한 경우가 있다.

가장 저렴한 자기 계발 방법이 독서다. 그러나 책 한 권을 읽기도 버겁고 읽어내는 힘이 부족한 자신을 발견하고 좌절하기도 한다. 그래서 책을 읽는 데 강제성과 책임감을 부여하여 더욱 잘 읽어 내는 도구가 바로 이 독서 모임이다.

또한, 한 권을 한 번 읽었을 뿐인데 여러 명이 함께 읽으므로 각자가 느끼는 부분과 지혜를 얻은 부분이 다르기 때문에 여러 번 책을 읽은 효과를 얻을 수 있다.

자신의 스튜디오나 매장도 필요 없고, 인테리어로 비용이 들어가지도 않는다. 책을 읽고 자신의 느낀 점을 이야기할 수만 있으면 된다. 컴퓨터 앞에서, 스마트폰 앞에서, 화상 회의 앱을 통해 국가도 다르고, 지역도 다르고, 장소도 달라도 상관없다.

이렇게 저렴하게 다양한 사람들의 지혜를 얻어서 자신을 성장시킬 수 있으면서 수익화할 수 있는 다양한 방법이 여기에 있다. 여러분의 인생 스승이 책 속에 있다면 이제 그 스승을 통해 지혜와 함께 수익 창출을 해보는 것은 어떨까?

자, 그럼 독서 모임 시작해 볼까?

오프라인 사업 쫄딱 망하고 난 이렇게 온라인 독서 모임 시작했다

기술은 있었지만 더 이상 그 기술을 사용하고 싶지 않았다. 새로운 나를 만들고 싶었다. 자기 투자를 하고 유튜브나 성공한 사람들의 이야기를 들으며 깨달은 것은 모두가 첫 번째로 권하는 것이 바로 "책"이라는 점이다.

책을 통해 성장하고, 이전과 다른 삶을 살기 시작했으며, 점점 수익화하면서 수입을 창출했다는 이야기들이 많았다.

30대 초반에는 육아와 병행하며 육아서적, 교양서적 등을 어느 정도 읽었다. 하지만 자영업 10여 년 동안에는 바쁘다는 핑계로 책 읽기를 포기하고 책에 손도 대지 않았다.

처음에는 책으로 돈을 번다는 생각을 하지 않았고, 수익을 위한 수단으로 시작하지도 않았다. 순수하게 내가 성장하기 위해 책을 읽어야겠다는 단순한 생각으로 독서 모임을 시작했다.

1) 예상치 못한 코로나의 습격으로 망한 오프라인 사업

"5년 동안 사랑해 주신 고객님들께 감사드립니다. 많은 사랑과 격려 덕분에 여기까지 할 수 있었습니다. 댁내 건강과 안녕을 기원합니다. ㅇㅇ스킨 원장 위드 제이"

이렇게 나의 5년간의 피부관리실은 코로나의 여파로 문을 닫게 된다. 이전의 스낵바 매장도 세월호 사건과 메르스의 영향으로 결국 회복하지 못하고 문을 닫았다. 우리 가정의 10년간의 자영업 여정은 바이러스라는 거대한 힘 앞에서 무력했다.

첫 사업이 크게 성공할 것이란 생각은 하지 않았지만, 그래도 어느 정도 금전적 여유가 있을 것이라 기대했다. 하지만 현실은 그렇지 못했다. 무엇보다 바이러스와의 전쟁 중에 영업을 중단할 수밖에 없는 상황에 대해 많은 생각을 하게 된다.

앞으로는 코로나와 같은 바이러스와의 전쟁이 될 것이다. 그 속에서 살아남을 수 있는 단단한 힘을 가진 아이템으로 사업을 진행해야 한다. 하지만 아직 사업 경험은 프랜차이즈점 운영밖에 없었고, 그마저도 사업이라기보다는 거의 장사에 가까웠다.

이제 경영과 마케팅을 제대로 배워야겠다고 결심한다. 무엇보다 자신을 브랜딩해야겠다는 생각을 하며 제일 먼저 시작한 것이 바로 독서다.

이러한 경험을 통해 나는 오프라인 사업의 취약점을 깨닫고, 온라인으로 방향을 전환하게 된다. 독서를 통해 새로운 지식과 아이디어를 얻으며, 온라인 독서 모임이라는 새로운 영역을 발견하게 된다. 이는 단순히 책을 읽는 것을 넘어, 사람들과 소통하고 지식을 나누는 플랫폼으로 발전할 수 있는 가능성을 보여준다.

온라인 독서 모임은 바이러스와 같은 외부 요인에 덜 취약하고, 시간과 장소의 제약이 없다는 장점이 있다. 또한, 다양한 배경을 가진 사람들이 모여 서로의 경험과 통찰을 나눌 수 있는 기회를 제공한다. 이를 통해 나는 새로운 비즈니스 모델을 구상하고, 자기 성장과 수익 창출을 동시에 추구할 수 있는 방법을 찾아가게 된다.

2) 사업 정리 후 우연히 시작하게 된 독서

세 아이를 키우며 육아 책, 교육책, 엄마 마음 챙김 책, 기독교책 등을 읽었다. 자영업 생활 전에는 한 달에 3~5권 사이의 책을 사거나 도서관에서 빌려 읽었다. 하지만 자영업을 하면서 10년간 책을 읽을 체력과 마음의 여유를 갖지 못했다.

책을 읽고 싶었지만, 너무 많은 분야에 관심이 있어서 자신에게 필요한 것이 무엇인지, 어떤 책이 도움이 될지 판단하기 어려웠다. 나만의 브랜딩에 관심이 있어 마케팅 책을, 자아 탐구를 위해 마음 챙김 책을 골랐다. 도서관에서 내 대출증으로 5권, 딸의 대출증으로 5권, 총 10권씩 빌려 쌓아두고 읽지 않는 일을 반복했다.

유튜브를 통해 소개되는 책들의 리뷰를 듣고 끌리는 책을 골라 읽었다. 영상에서 나오는 요약 정리는 재미있었지만, 실제 책 내용은 그렇지 못한 경우도 있었다. 생각보다 지루한 내용들도 많았고, 두꺼운 책들의 이해하기 어려운 용어들 때문에 거의 난독증 수준으로 책을 읽지 못하는 자신을 발견하고 좌절했다.

그때 활동하던 밴드에서 절판된 책을 재출판하여 독서 모임을 제안받았다. 혼자 하면 끝까지 읽기 어렵지만, 함께 읽으면 완독할 수 있겠다는 생각에 독서 모임을 시작하게 된다.

3) 무자본 창업 독서 모임을 열다

활동하던 밴드를 통해 함께 책을 읽을 사람들을 모아 첫 독서 모임을 열었다. 책이 다소 어려웠지만, 함께 읽어 좋았다는 피드백을 받았다. 책을 통해 스스로 깨달음을 얻는 사람도 있었고, 다른 사람의 인사이트를 통해 자신이 미처 깨닫지 못한 부분까지 알아차리게 되어 만족스러워했다.

첫 독서 모임에서 좋은 피드백을 받자 다시 하고 싶다는 생각이 들었다. 이미 진행했던 책을 더 깊이 읽어보고 싶은 욕구가 생겨, 이전에 참여하지 못한 사람들과 함께 온라인 줌으로 모여 독서 모임을 진행했다. 처음에는 무료로 책을 함께 읽고 나누자는 취지로 시작했다. 혼자 읽기 어려운 좋은 책이라는 평가 때문에 함께 읽으려는 사람이 점점 많아졌다.

같은 책으로 계속 모임을 하면서 엄청난 것을 배웠다. 회차가 거듭될수록 가장 많이 성장한 것이 나 자신임을 깨달았다.

4) 독서 모임 리더로 나를 업그레이드하다

무료 독서 모임을 거듭하면서 성장하는 나를 느꼈다. 독서 모임 안에서의 통찰력과 책을 바라보는 시선이 변화했다. 단순히 읽는 것이 아니라 작가의 시점으로 읽어보고, 낯선 용어와 단어들을 사전으로 찾아보게 되었다.

점점 비슷한 종류의 다른 책들을 함께 읽으면서 한 권의 책을 통해 세상을 바라보는 태도의 변화를 스스로 느꼈다. 독서의 엄청난 힘과 함께하는 독서 모임을 통한 통찰을 더욱 깊이 이해하게 되었다.

이제 한 권의 책에 그치지 않고 다른 책을 선정하게 되었다. 그 책도 꾸준히 함께 읽으면서 매번 읽을 때마다 새로운 것들이 보이기 시작했다. 여러 번 반복해서 읽는 과정에서 내가 업그레이드되는 느낌을 받았다.

6, 7회차를 진행하면서 유료화를 해도 되겠다고 판단했다. 떨리는 마음으로 유료 독서 모임을 모집했는데 성공적으로 사람들이 모이기 시작했다.

무엇보다 매 회차를 거듭할수록 성장하는 나를 통해 이 독서 모임이 결국 클래스로 발전했다. 이제는 많은 사람이 반복적으로 참여하는 클래스로 자리 잡았다. 이 과정에서 나는 단순한 독서 모임 진행자에서 전문적인 독서 클래스 리더로 성장했다.

책을 더 깊이 이해하고 분석하는 능력이 생겼고, 참여자들의 다양한 해석과 의견을 조율하며 토론을 이끄는 스킬도 향상되었다. 이러한 경험은 나의 자신감을 높이고, 새로운 비즈니스 모델의 가능성을 열어주었다.

독서 모임 어떻게 시작해야 할지 막막하시다구요?

독서 모임을 어떻게 시작해야 할지 막막한가? 자신을 변화시킬 수 있는 확실한 방법이 독서 모임이라는 사실을 리더는 명확하게 인지해야 한다. 이 부분에 대한 확신과 믿음이 없으면 중간중간 흔들린다. 도구와 기본적인 세팅들은 검색을 통해 많이 찾을 수 있지만, 경험에서 배운 점을 토대로 어떻게 시작하면 좋을지 설명한다.

1) 독서 모임 만들기 전 해야 할 일

독서 모임을 만들기 전에 꼭 해야 할 일이 있다. 먼저 맘카페, 밴드, 지역카페, 인스타그램, 오픈채팅방 등 사람들이 있는 공간에 자신을 조금씩 노출시켜야 한다.

1인 피부 관리 매장을 운영했던 경험을 바탕으로, 피부 관리원장님들이 모인 채팅방, 맘카페, 마음 챙김 하는 밴드, 피부 관리하는 밴드 등 사람들이 많은 곳에 참여하며 가끔 글도 쓰고 소통하면서 자신을 알리는 것이 중요하다. 블로그로 이웃을 맺는 것도 좋은 방법이다.

책을 가까이하면서 책을 통해 자신의 어떤 모습이든 성장하고 변화하고 싶어 하는 사람들이 모인 곳이라면 더욱 좋다.

퍼스널 브랜딩에 관심이 생겨 이것저것 찾아보다가 마음 챙김 관련 유튜브를 알게 되고, 밴드 활동을 통해 사람들과 소통하며 나름의 스트레스를 해소하는 소소한 공간들을 찾았다. 이러한 공간에서 글도 쓰고 소통하면서 자신을 노출했다.

모임에 소속될 때는 처음부터 계획을 세우기보다는 순수한 마음으로 자신이 아는 것을 공유하고 소통하는 것이 좋다. 진정성 있고 진솔하게 자신을 알리는 공간이 있는 것은 독서 모임을 시작하는 데 매우 도움이 된다.

첫 독서 모임을 시작할 때 무료로 진행했음에도 10명 정도가 신청해 많은 사람과 함께 모임을 할 수 있었다.

결국 사람이 많이 있는 곳에서는 무엇이든 시작할 수 있는 용기가 생기는 것 같다. 지금 당장 맘에 드는 밴드나, 카페, 또는 오픈 채팅방에 들어가 진정성 있는 소통을 하다 보면 다양한 곳에서 기회가 생긴다.

오프라인으로도 지역기관에서 동아리 모임처럼 활동하거나 지역도서관에서 할 수 있는 다양한 방법들이 있다. 공간을 무료로 대여받으면서 활동할 수 있는 여성단체도 있다.

이런 오프라인 모임을 하더라도 항상 온라인에 노출하고 자신을 드러내는 작업을 꾸준히 해야 한다. 이는 모임의 지속성과 확장성을 위해 중요하다.

독서 모임을 시작하기 전 준비 단계에서 고려해야 할 추가적인 사항들

1. 목표 설정

독서 모임을 통해 달성하고자 하는 구체적인 목표를 정한다. 예를 들어, 월 1권 완독, 특정 주제에 대한 깊이 있는 토론, 개인적 성장 등이 있을 수 있다.

2. 대상 선정

어떤 연령대, 관심사, 직업군의 사람들을 대상으로 할지 결정한다. 이는 책 선정과 모임 운영 방식에 영향을 미친다.

3. 운영 방식 결정

온라인, 오프라인, 또는 혼합형으로 할지, 얼마나 자주 모일지, 모임 시간은 어떻게 할지 등을 미리 계획한다.

4. 콘텐츠 준비

단순히 책을 읽고 토론하는 것 외에도 독서 관련 활동, 작가와의 만남, 독서 노트 작성법 등 다양한 콘텐츠를 준비한다.

5. 피드백 시스템 구축

참여자들의 의견을 지속적으로 수렴하고 반영할 수 있는 시스템을 만든다. 이는 모임의 질을 높이고 참여자들의 만족도를 높이는 데 도움이 된다.

이러한 준비 과정을 통해 독서 모임은 단순한 모임을 넘어 참여자들의 성장과 네트워킹, 나아가 새로운 비즈니스 기회로 발전할 수 있는 토대를 마련할 수 있다.

2) 나의 색깔을 드러내는 독서 모임

자영업을 하며 독서에서 멀어졌던 나에게 독서 모임은 관심 밖이었다. 다른 독서 모임에 참석한 경험이 없어 진행 방식을 알지 못했다. 이것은 오히려 나만의 색깔을 드러낼 수 있는 기회가 된다.

많은 사람들이 타인의 방식을 차용하여 자신의 색깔을 잃지만, 나는 내 강점과 약점을 녹여내고 독특한 방법을 선택하여 나만의 색깔을 만들어간다.

첫째, 책을 빨리 읽지 못하는 약점을 활용해 한 권의 책을 여러 주에 걸쳐 깊이 읽는 방식을 채택한다. 이를 통해 참여자들과 깊이 있는 생각을 공유하고 다양한 시각을 경험하며 확장된 이해를 얻는다.

둘째, 책의 내용에 따라 소수(3~5명)와 다수(8명 이상) 그룹으로 나누어 진행한다. 소수 그룹에서는 깊이 있는 대화를, 다수 그룹에서는 간단한 적용 사례를 나눈다. 각 방식의 장단점을 파악하고 보완해 나간다.

셋째, 단순히 책의 내용을 나누는 것이 아니라 실생활 적용과 경험 공유에 중점을 둔다. 이는 참여자들의 실질적인 변화와 성장을 이끌어내는 핵심 요소가 된다.

이러한 접근 방식은 처음부터 완벽하지 않았다. 여러 번의 반복 읽기를 통해 책의 숨겨진 내용을 발견하고, 내 안의 통찰력이 성장하면서 점진적으로 발전시켰다. 참여자들의 긍정적인 반응과 변화 경험은 이 방식의 효과를 입증한다.

3) 무슨 책을 고를지 막막할 때

처음에는 수익화 목적 없이 순수하게 어려운 책을 함께 읽고 공유하려는 의도로 시작했다. 쉬운 책은 혼자 읽을 수 있기에 독서 모임의 필요성이 떨어진다고 생각했다.

책 선택에서 가장 중요한 것은 자신의 관심사다. 혼자 읽기 어려운 책을 함께 읽으며 성장하자는 메시지를 전달하면, 많은 사람들이 공감한다. 어려운 책을 함께 읽고 느낌을 공유하는 과정에서 좋은 피드백을 받을 수 있다.

독서 모임 참여자들은 대체로 자기 발전을 원한다. 따라서 주차별로 나누어 읽으며 실생활에 적용할 수 있는 책을 선택하는 것이 도움이 된다. 혼자서는 실천하기 어려운 내용도 함께 하면 동기부여를 받아 실천할 수 있게 된다.

결론적으로, 내용은 좋지만 분량이 많거나 난이도가 높아 읽기 어려운 책을 선택하는 것이 좋다. 처음에는 무료로 진행하며 경험을 쌓고, 어느 정도 책에 대한 이해가 깊어지면 유료화로 전환할 수 있다. 주저하지 말고 시작하는 것이 중요하다.

추가적으로, 독서 모임의 책 선택 시 고려할 사항들

1. 시의성
현재 사회적 이슈나 트렌드와 연관된 책을 선택하면 참여자들의 관심을 끌 수 있다.

2. 다양성
한 분야에 치우치지 않고 다양한 장르의 책을 선택하여 참여자들의 지적 호기심을 자극한다.

3. 난이도 조절
어려운 책과 상대적으로 쉬운 책을 번갈아 선택하여 참여자들의 부담을 줄이고 지속적인 참여를 유도한다.

4. 참여자 의견 반영

정기적으로 참여자들의 의견을 수렴하여 책 선택에 반영한다. 이는 참여자들의 소속감과 만족도를 높인다.

5. 작가와의 연계

가능하다면 선택한 책의 작가를 모임에 초청하거나 온라인 미팅을 주선하여 더욱 깊이 있는 토론의 기회를 제공한다.

이러한 방식으로 독서 모임을 운영하면, 단순한 책 읽기 모임을 넘어 참여자들의 지적 성장과 네트워킹, 그리고 리더의 비즈니스 기회 창출까지 이어질 수 있는 플랫폼으로 발전할 수 있다.

난생처음 진행해도 전문가 소리 듣는 독서 모임 진행 노하우

새로운 일을 시작하는 것은 많은 두려움과 걱정을 동반한다. 하지만 그 과정을 거치면서 자신은 성장하고 결과물을 얻어 성취감을 느낀다.

팬데믹으로 오프라인 모임이 불가능해져 아무것도 모른 채 독서 모임을 시작했다. 독서 모임 진행 가이드를 해주는 사람도 없었고, 당시 온라인이 막 시작하는 시기라 경험자도 많지 않았다. 그래서 혼자 시행착오를 거치며 나름의 규칙과 방법을 만들어 갔다.

처음부터 큰 규칙 없이 시작해 이슈나 상황이 발생할 때마다 매 회차 수정하며 규칙을 만들어 갔다. 무엇보다 중요한 것은 이 독서 모임을 왜 진행하는가에 대한 확실한 목표가 있는 것이 지속할 수 있는 이유다.

1) 처음 독서 모임 시 중요한 것

처음 독서 모임을 할 때 가장 중요한 것은 독서 모임의 방향성을 설정하는 것이다. 친목 모임으로 진행할 것인지, 지적 토론을 촉진할 것인지, 책을 읽어 내는 과정에 중점을 둘 것인지, 처음부터 방향을 설정해야 한다. 그 방향을 잡아야 어떤 방법으로 또 어디에서 독서 모임 참여자를 모집할지에 대한 홍보 전략이 잡힌다.

나의 경우, 처음부터 어려운 책을 내 삶에 적용하는 모임이 방향성이었다. 책에서 얻은 지식과 지혜를 내 삶에 녹여내어 '내 인생 책'으로 만드는 방향을 잡고 모임을 만들었다. 지금도 대부분의 모임을 이 방향으로 진행하고 있다.

이런 방향 설정의 장점은 책의 일부 내용이 자신의 삶에 잘 적용되어 실질적인 변화를 경험할 수 있다는 것이다. 이런 변화에 고무되어 삶의 여러 영역에서 긍정적인 변화가 일어나면서 삶의 만족도가 높아지고 독서 모임에 대한 만족도 또한 커진다. 그 결과 주변 지인에게 소개하게 되고, 같은 책으로 여러 번 독서 모임을 스스로 선택하게 된다.

방향성을 잡는 방법은 우선 리더가 그 방향성에 대한 이해가 확실해야 하고 그 방향으로 모임을 이끌 수 있어야 한다. 또한 책에 따라 방향성을 달리할 수 있다. 책의 내용에 따라 8주 과정으로 할 수 있는 것이 있고, 한 달에 한 번씩 읽고 모임을 할 수도 있으며, 일주일에 한 권씩 할 수도 있다.

처음부터 자신에게 어떤 방식이 맞는지 알기 어렵기 때문에, 가장 어려운 것을 시도해 보기를 권한다. 어려운 것에서 쉬운 것으로 선택하는 과정은 쉽지만, 쉬운 것에서 어려운 것으로 선택하는 과정은 많은 사람이 힘들어한다는 것을 알게 되었다.

토론을 균형 있게 잘 이끌 수 있는 사람은 그렇게 진행하면 된다. 결국 비용을 지불하기 때문에 독서 모임을 통해 크게 얻어가는 것이 있고 자기 삶의 변화가 오는 방향으로 잡는 것이 독서 모임을 지속할 수 있는 중요한 요소다.

타겟을 분명히 정해야 한다. 타겟을 설정할 때 나이, 성별, 지적 만족도 등을 구체적으로 명시해 독서 모임에 오는 사람에 대해 먼저 그려볼 수 있으면 좋다.

예를 들면 30, 40대 기혼 가정주부, 40대의 미혼이며 자기 커리어에 만족하는 싱글 등이다. 이러한 방향성을 잡고 책을 선정하고 타겟을 그려놓고 모임을 주도하면 리더가 모임의 중심을 잡고 균형 있게 진행하는 데 큰 도움이 된다.

처음에는 타겟 설정 없이 아무나 읽기 힘든 책을 함께 읽자는 의도로 시작해 다양한 사람들이 모였다. 많이 진행할수록 점점 명확한 방향을 설정하고 타겟을 정하니 설정한 타겟에 해당하는 사람의 비율이 점점 늘어나기 시작했다.

리더는 계속 성장해야 한다. 책을 많이 읽는 것은 기본이고 더 다양한 사람들과의 모임, 세미나, 강연 등에 참석해 계속 성장해야 한다. 리더가 성장하는 모임은 모임 자체가 성장하고 함께하는 사람들도 성장한다.

항상 성장하는 리더는 에너지 자체가 긍정적이며 밝아서 많은 사람이 좋아하고 따르려고 한다. 리더가 성장하지 못하면 모임이 발전하지 못하고 정체되어 있어서 함께하는 사람들이 바로 알아차린다. 항상 더 많은 것을 배우고 나누는 진정성 있는 리더를 사람들은 신뢰하고 선호한다.

독서 모임에서 가장 중요한 것은

1. 독서 모임의 방향성을 확실히 잡아서 시작하는 것
2. 독서 모임에 오는 사람을 명확히 그려보는 작업을 하는 것

이러한 원칙을 지키며 독서 모임을 운영하면, 참여자들의 만족도가 높아지고 모임의 지속성과 성장을 기대할 수 있다.

2) 이것만큼은 꼭 알고 하기

첫째, 명확한 가이드라인 및 기대치 설정이 중요하다. 첫 모임 시 독서 모임의 목표와 방향성, 기대치를 명확히 전달해야 한다. 이는 모임의 목적을 함께 이해하는 데 도움이 된다.

둘째, 모임의 원활한 진행을 위해 질문이나 화두를 준비해야 한다. 질문을 던지고 각자의 생각과 의견을 공유할 기회를 제공한다. 이는 주제에서 벗어나는 상황을 방지하는 데 도움이 된다.

셋째, 규칙과 가이드라인 설정이 중요하다. 모임 중 발생할 수 있는 갈등과 불편한 상황에 대비해, 이를 신속하고 정중하게 처리하고 더 건설적인 방향으로 나아갈 수 있는 기본 규칙을 만든다.

넷째, 진행 중 소극적인 참여자도 배려해야 한다. 위축된 참여자도 나름의 자기표현을 할 수 있게 유도하며, 모든 참여자가 골고루 참여할 수 있도록 한다.

다섯째, 온라인 미팅 앱 사용법을 숙지해야 한다. 현재 대부분의 모임이 온라인으로 이루어지므로, 온라인 앱을 잘 활용할 수 있어야 한다. ZOOM, Google Meet, Naver Whale ON 등 다양한 화상회의 앱의 기능을 미리 익히고, 참석자 중 익숙하지 않은 사람에게 알려주어야 한다.

온라인 독서 모임에서는 오디오가 겹치면 소리가 들리지 않기 때문에, 음소거 방법과 자료 공유 방법 등 기본적인 설정 방법을 알아야 한다. 온라인 앱을 능숙하게 다루는 것이 독서 모임을 매끄럽게 진행하는 데 필수적이다.

이 다섯 가지를 기본으로 시작하면서 모임의 방향성을 조금씩 수정 보완하고, 가이드와 규칙들도 개선해 나가면 모임의 색깔이 분명해지고 많은 사람이 관심을 갖게 된다. 이러한 요소들을 지속적으로 개선하며 모임을 성장시킬 수 있다.

3) 온라인 독서 모임의 장점

팬데믹 이후 많은 사람들이 온라인 모임에 익숙해졌다. 물론 여전히 오프라인 모임을 선호하는 사람들도 있지만, 독서 모임의 경우 오히려 온라인이 더 효과적일 수 있다.

온라인 독서 모임의 장점은 다음과 같다

1. 집중도 향상
책을 읽고 담백하게 이야기를 나누는 데 온라인 환경이 더 적합할 수 있다.

2. 음성 관리
발언 시 다른 참여자의 음성을 음소거 처리할 수 있어, 소리가 겹치지 않고 깔끔한 소통이 가능하다.

3. 지역적 한계 극복
오프라인의 좁은 지역적 한계를 넘어 전국 또는 해외에 거주하는 재외국민과도 모임이 가능하다.

4. 소그룹 활용

ZOOM과 같은 앱을 이용하면 소회의실 운영이 가능하다. 인원이 많을 때 적절히 소그룹으로 나누어 더 깊이 있는 대화를 나눌 수 있다.

5. 시각 자료 활용

다양한 시각적 자료를 화면으로 공유하며 함께 볼 수 있어, 더욱 풍부한 논의가 가능하다.

소그룹 모임을 진행하면서 많은 참여자로부터 긍정적인 피드백을 받았다. 대규모 모임에서는 개인의 발언 시간이 제한되지만, 소그룹에서는 자신의 솔직한 이야기를 충분히 할 수 있어 만족도가 높았다.

이처럼 온라인 독서 모임은 가장 저렴하고 효과적인 자기 계발 방법이 될 수 있다. 책 읽기의 장점과 온라인의 편의성을 결합한 온라인 독서 모임에 지금 참여해 보는 것은 어떨까? 지역과 공간의 제약을 넘어 새로운 지식과 인사이트를 얻을 수 있는 기회를 놓치지 말자.

독서 모임으로 짭짤한 수익 창출하는 방법

처음 독서 모임은 책을 완전히 내 것으로 만들고 싶다는 순수한 마음에서 시작했다. 꾸준히 진행하다 보니 수익화할 수 있는 길이 보이고, 하나의 길을 만드니 여러 갈래의 길이 나타나기 시작한다.

이제 책을 읽고 나누는 독서 모임은 진정한 가치가 있는 일이다. 참여자들이 점점 성장하고, 무엇보다 리더가 가장 많이 성장하는 모임이다. 많은 사람이 자신이 성장하는 곳에 계속 투자한다.

사람들이 투자하는 곳, 그곳은 수익화할 수 있다고 생각했다. 처음 유료화하는 과정도 많은 고민을 했고, 비용을 다양하게 검토하며 적정선을 찾기 위해 많이 연구했다.

1) 처음 떨리는 유료화

무료에서 유료로 전환할 때 많은 사람들이 어려움을 겪고 두려워한다. 이 부분에 대해 두려움을 느끼는 사람에게는 적은 금액부터 시작하라고 조언한다. 대신 적은 금액의 책은 가볍게 읽을 수 있으면서도 자신의 인생에 적용했을 때 확실한 피드백이 있는 자기계발서가 도움이 된다.

비용 책정에서 가장 먼저 해야 할 것은 독서 모임의 가치를 스스로 측정해 보는 것이다. 한 달에 10만 원, 5만 원 등 최고 상한금액을 먼저 책정한 후, 첫 유료화 시 기간을 정해 몇 달간 10만 원의 가치 있는 독서 모임을 1만 원 파격가로 한두 달 진행 후 금액을 상향 조정하면 된다.

첫 1, 2기는 처음 진행한 금액을 유지할 수 있게 하면 적정 인원이 항상 참여하는 독서 모임이 된다.
독서 모임을 많이 운영하면서 나는 처음에는 무료로 시작했고 4회차 진행 후 8주 과정의 모임을 10만 원부터 시작했다. 다른 독서 모임의 가격이 어느 정도인지 몰랐다.

현재 이 독서 모임은 다양한 허들을 두면서 8주간 23만 원으로 진행하고 있다. 같은 책을 계속 진행하는데도 2회차는 기본이고 3, 4회차까지 신청하는 사람이 있다. 바로 자신의 변화를 독서 모임을 통해 얻었고 가격 이상의 가치를 느끼기 때문에 계속 참석한다.

무료에서 바로 10만 원의 가격을 책정할 수 있었던 것은 우선 시간상으로 1주일에 1번 3시간 정도 모임을 진행하니 기본 시급으로만 따져도 하루에 28천원, 8주면 23만원이 된다.

딱 지금 받는 금액이 기본 시급으로 책정된 금액이다. 여기에 전문가적인 부분까지 더해지면 가격의 책정은 높아지게 된다.

많은 사람이 이 가격 책정에 두려움을 느낀다. "이걸 이만큼 받아도 될까?" 하는 의문을 품으면서 선뜻 결정하지 못하는 사람도 많이 보았다. 나도 처음에는 그랬다. "이렇게 해도 사람들이 올까?" 하는 생각에 무료에서 1인당 10만 원으로 책정하는 것은 부담스러운 일이었다.

이때 내가 이 가격을 설정할 수 있었던 것은 바로 최저 시급에서 나름의 이 책을 적어도 10번 이상 읽고 모임을 경험했기 때문에 이 부분에는 전문성이 있다고 생각해서 시급을 2만 원으로 잡고 8주간을 하니 48만 원(시급 2만원 x 3시간 x 8주)이 나오면서 10만원이면 높은 금액이 아니라고 느껴져 가격을 책정할 수 있었다. 그러니 그 가치 이상의 것을 전달하기 위해 나는 또 배우고 공부하고 관찰하며 자신을 성장시켰다.

독서 모임을 통해 나의 성장이 같이 동반되어야 하고 그 성장의 발판으로 독서 모임의 가치를 금액으로 최고치를 측정해 놓고 지금은 비록 무료, 3만 원, 5만 원, 10만 원을 받더라도 그 가치까지 끌어올려서 자신을 그 이상으로 만들 수 있기 때문이다.

물론 적은 금액으로 모여서 많은 사람이 하는 것도 필요하다. 저렴한 금액의 독서 모임은 시간이 적게 들면서 얻어가는 것은 많게 설정하면서 진행하면 된다. 또 나름의 스페셜 무기 같은 독서 모임을 정해서 그 가치를 비용으로 책정하고 나를 그 가치 이상으로 끌어올리는 과정을 하는 것도 중요하다.

무료에서 유료화하면서 정말 신기한 것은 무료일 때보다 유료일 때 사람들의 일상의 변화가 훨씬 컸고, 또 놀라운 것은 비용이 많이 들수록 그 만족도는 더 높았다는 점이다.

그리고 피드백과 자기 삶이 완전히 변했다고 말하는 사례도 있었다. 아무리 같은 책을 읽어도 가치를 투자한 사람과 가치를 투자하지 않은 사람은 분명히 차이가 있다.

2) 다양한 모임으로 차별화

2년 가까이 꾸준히 독서 모임을 진행하면서 2~3개에서 점차 늘려나갔다. 모임의 특징을 다양하게 설정해 사람들이 책 읽기에 거부감을 갖지 않고 꾸준히 할 수 있는 방법을 고안했다.

첫째, 혼자 읽기 버거운 책을 선정해 8주간 작게 나누어 깊이 있게 읽고 나누는 모임이다. 이는 내가 진행한 첫 모임의 형태이기도 하다. 항상 새로운 사람들을 모집한다.

둘째, 책의 내용 자체가 주간별로 스스로 훈련하는 형태의 책 모임이다. 10주 과정으로 책의 내용을 따라 진행하면서 자기 삶에 적용하는 책을 선정해 주 1회나 2주에 1번 정도 온라인 모임을 하며 나누고 적용한다.

셋째, 한 권의 책을 필사하는 챌린지 모임이다. 매일 정해진 분량의 책을 필사해 인증하는 챌린지로 진행한다. 필사하며 느낀 점을 단체 채팅방에 공유하고 별도의 온라인 모임은 하지 않는다. 참가비와 보증금을 받고 인증하지 못한 날은 차감하며 진행한다.

넷째, 스스로 정한 책을 읽고 보고, 깨닫고, 적용한 내용을 게시하고 인증하는 챌린지 모임이다. 인증을 하지 못하면 보증금이 차감되므로 책을 읽고 인증하게 된다. 많이 읽는 사람은 이 챌린지로 한 달에 5권도 읽고 적어도 3권 이상 읽을 수 있다.

다섯째, 주말 아침에 하는 독서 모임이다. 주제 트랙을 정해 아침에 독서 모임을 하면서 자신을 성장시키는 정체성을 부여한다. 한 달 동안 한 권의 책을 주차별로 나눠 읽으면서 발제문을 통해 생각해 보는 시간을 갖는다.

챌린지를 시작한 이유는 많은 사람이 책을 읽으며 성장하고 싶지만 잘 되지 못하는 상황에서 동기부여가 되고, 한 달에 1~3권 읽는 사람이 되어 작은 성공을 이루면서 만족감이 커졌기 때문이다.

3) 독서를 넘어 클래스로 진화

한 책에 대한 독서 모임이 장기화되고 같은 책을 꾸준히 듣는 참여자가 생기면서, 모임을 다른 형태로 발전시켜야 한다는 필요성을 느꼈다. 이는 단순한 변화가 아닌, 모임의 본질적인 가치를 높이고 참여자들에게 더 큰 영향을 미칠 수 있는 방향으로의 진화를 의미했다.

책을 읽으면서 함께하면 좋을 도구들을 하나씩 준비하고 추가할 때마다 가격을 조정했는데, 이 과정에서 각 도구의 효용성과 참여자들의 반응을 면밀히 관찰하며 최적의 조합을 찾아갔다.

이러한 시도와 경험을 바탕으로, 단순한 독서 모임을 넘어 참여자들의 삶에 실질적인 변화를 가져올 수 있는 클래스로 발전시키고자 하는 아이디어가 떠올랐다. 이는 책을 통해 지식을 얻는 것에서 그치지 않고, 그 지식을 실생활에 적용하고 자신의 삶을 변화시키는 데 초점을 맞추는 것이었다.

이에 따라 책이 단순한 읽기 자료가 아닌 삶의 지침서이자 변화의 도구로서 활용되기 시작했다. 선정된 책을 기반으로 체계적인 워크북을 제작하고, 참여자들이 매일 성장일지를 작성하도록 했다.

이 과정에서 책의 내용과 일상생활을 긴밀히 연결 지어 자신의 모습을 돌아보고 기록하는 것이 클래스의 핵심이 되었다. 참여자들은 단순히 책의 내용을 이해하는 것을 넘어, 그 내용을 자신의 삶에 어떻게 적용할 수 있을지 깊이 고민하고 실천하는 기회를 가졌다.

이러한 접근 방식은 단순히 책을 읽고 토론하는 것을 넘어서, 책을 통해 매일 자신을 돌아보고 성찰하는 기회를 제공했다. 참여자들은 책에서 얻은 통찰을 자신의 삶에 적용하며, 이전과는 다른 시각으로 세상과 자신을 바라보게 되었다. 많은 참여자들이 이 과정에서 낯설지만 설레는 변화를 경험했다고 말한다.

그들은 자신의 삶에서 미처 깨닫지 못했던 패턴들을 발견하고, 새로운 가능성을 모색하며, 조금씩 변화를 만들어가는 과정에서 큰 만족감을 느꼈다.

클래스로의 전환은 내용의 질적 향상뿐만 아니라 금전적 가치의 상승도 가져왔다. 더 깊이 있는 내용과 체계적인 프로그램 구성은 참여자들의 만족도를 높였고, 이는 자연스럽게 클래스의 가치 상승으로 이어졌다. 놀랍게도 이렇게 모임의 정체성과 방향성을 명확히 하자, 참여자들의 태도와 성장 속도도 함께 변화했다.

그들은 더욱 뚜렷한 목표의식을 가지고 클래스에 임하게 되었고, 이는 더 긍정적인 피드백으로 이어졌다. 참여자들은 단순히 지식을 얻는 것에 만족하지 않고, 실제로 자신의 삶에 변화를 만들어내는 과정에서 큰 성취감을 느꼈다.

　이러한 진화 과정을 거치면서 깨달은 중요한 점은, 명확한 방향성만 있다면 독서 모임도 얼마든지 다양한 형태로 발전할 수 있다는 것이다. 처음에는 단순히 책을 함께 읽는 모임으로 시작했지만, 참여자들의 니즈와 피드백을 반영하며 점진적으로 발전시켜 나갔다.

　그 발전의 끝에는 참여자들의 삶을 실질적으로 변화시킬 수 있는 종합적인 클래스가 있었다. 이는 단순한 지식 전달을 넘어, 삶의 변화를 이끌어내는 촉매제 역할을 하게 되었다.

　처음에는 아무런 전문 지식이나 기술 없이 시작했지만, 끊임없이 배우고 실험하는 과정에서 자신만의 독특한 방법론과 철학을 개발할 수 있었다. 한 권의 책이 한 사람의 인생을 바꿀 수 있다는 믿음을 바탕으로, 그 책을 중심으로 워크북을 만들고 클래스를 구성해 나갔다.

　이 과정에서 참여자들의 피드백은 매우 귀중한 자산이 되었고, 이를 바탕으로 프로그램을 지속적으로 개선하고 발전시켜 나갔다.

　현재는 이러한 경험과 노하우를 바탕으로 독서 컨설팅까지 영역을 확장했다. 책을 통해 개인의 삶을 새롭게 디자인할 수 있도록 돕는 역할을 하고 있다. 이는 단순히 책을 추천하는 것을 넘어, 각 개인의 상황과 목표에 맞는 맞춤형 독서 계획을 수립하고, 그 책들을 통해 실질적인 변화를 이끌어내는 과정을 지원하는 것이다.

　물론 아직도 배울 것이 많아 계속해서 새로운 책을 구입하고 공부하고 있다. 끊임없는 학습과 성장은 이 일의 핵심이자 매력이라고 할 수 있다.

이 여정은 도서관에서 책을 빌려 읽다 만 것에서 시작해, 이제는 책을 중심으로 다양한 모임과 클래스를 운영하며 수익을 창출하는 데까지 이르렀다. 단순히 책 한 권을 제대로 읽어보겠다는 작은 결심이 이제는 나의 직업이자 삶의 중심이 되었다. 이는 단순한 직업의 변화를 넘어, 삶의 방식과 가치관의 전환을 의미했다.

이 경험을 통해 깨달은 것은 독서의 무한한 힘이다. 짐 론의 말처럼 "평범함을 뛰어넘고자 하는 사람들에게 독서는 필수적"이며, "현재 위치와 5년 후 위치의 차이는 읽은 책의 품질에서 찾을 수 있다." 이 말의 의미를 몸소 체험하게 된 것이다. 좋은 책은 단순히 지식을 전달하는 것을 넘어, 우리의 사고방식과 행동 패턴을 변화시키고, 새로운 가능성을 열어준다.

좋은 책을 다양한 경험을 가진 사람들과 함께 읽고 토론하는 과정은 단순히 지식을 얻는 것을 넘어 새로운 시각과 통찰을 얻는 기회가 되었다. 각자의 경험과 해석이 더해져 책의 내용은 더욱 풍성해지고, 때로는 책에 쓰인 것 이상의 깊이 있는 통찰을 얻기도 했다. 이 과정에서 느낀 감사함과 행복감은 이루 말할 수 없다.

또한 다양한 배경을 가진 사람들과의 만남은 책 이외의 영역에서도 풍부한 경험과 지혜를 얻는 기회가 되었다. 각자의 삶의 경험, 직업적 지식, 문화적 배경 등이 모여 하나의 책을 다각도로 해석하고 적용하는 과정은 매우 흥미롭고 유익했다. 이는 나의 시야를 넓히고 성장의 폭을 확장시켰다.

결국 한 권의 책을 제대로 읽고자 했던 작은 결심이 이 모든 변화의 시작점이 되었다. 지금 여러분의 책장에 있는 책들을 다시 한번 살펴보길 권한다. 그 중 눈에 띄는 책이 있다면, 주저하지 말고 함께 읽을 친구들을 모아보라. 그것이 바로 새로운 시작이 될 수 있다. 때로는 작은 행동이 예상치 못한 큰 변화의 시작이 될 수 있다.

독자에서 시작해 경제적, 정신적으로 풍요로운 삶으로 나아가는 길이 바로 여러분 앞에 있다. 이는 단순히 책을 많이 읽는 것을 넘어, 책을 통해 얻은 지혜를 삶에 적용하고, 그 과정에서 자신을 발견하고 성장시키는 여정이다. 이 여정을 함께 시작해보는 것은 어떨까?

당신의 인생을 바꿀 수 있는 그 한 권의 책이 기다리고 있다. 그리고 그 책은 당신이 상상하지 못했던 새로운 세계로의 문을 열어줄 수 있다. 지금 바로 그 첫 걸음을 내딛어보자.

김민선

부산 해운대 센텀시티와 마린시티에서 수학 과학 전문 학원과 자기 주도 학습센터를 운영하면서 초,중,고 아이들의 진로 진학을 위해 컨설팅을 하고 있다. 올해는 유아,유치 전문 영재교육 센터를 개원하여 자신이 개발에 참여한 유아 영재 교육 프로그램을 시뮬레이션하며 내년에 프렌차이즈 사업을 계획하고 있다.

20년 넘게 수학 교육에 몸을 담았고 영재 교육과 유아 교육까지 확장하여 전문성을 넓혀가고 있다. B 교육회사에 교육 이사로 재직하며 자신의 교육 노하우를 프로그램으로 만들어 사업적으로 역량을 키워가는 중이다.

- (주)아이피엘에스 대표 원장
- PLS 자기주도 학습센터 센터장
- (주) 아이클링 영재교육 대표이사
- (주) 브레인 숲 에듀 교육 이사
- (주) 씨투엠 에듀 교육 매니저
- 학원 컨설팅 및 학부모 강연 전문 강사
- 진로 진학 전문 상담사
- 부산 교육 대학원 교육 컨설팅 석사

여성창업시대

리더가 된 여자들
도전에 답하다.

Part 3

학원사업으로 10억만들기

CONTENTS

강렬한 첫 경험 그 이름 '부산'   107

부산 최고의 학군 '해운대'에서 살아남는 법   110

강한 학원을 만드는 비법 전수   115

전문성에 진정성 한 스푼   119

정체하지 말고 정진하라!   125

강렬한 첫 경험 그 이름 '부산'

'부산'이라는 곳을 만나기 전까지 나의 삶은 큰 반전없이 평탄하고 어찌 보면 밋밋한 그런 삶이었다. 항상 나의 편이 존재하던 안락한 서울에서의 삶을 뒤로하고 남편의 발령으로 부산으로 오게 되면서 짙은 이질감과 낯설음으로 인하여 무기력하고 아무 목적도 없는 하루하루를 보내게 되었다.

100일도 안 된 큰 아이와 집에서만 머무르는 시간이 계속되었고 '부산'이라는 지역에 대한 반감은 커져만 갔다. 지금 생각해보면 크게 적응 못할 상황도 아니었는데 엄마의 역할도 아내의 역할도 모든 것이 처음이었던 나에게 '부산'은 부담감의 결정체였다.

서울에서 열정적으로 학원 강사 생활을 하며 촉망받던 나에게 주부의 삶은 감옥과 같은 느낌이었다. 다들 그렇게 살아간다고 이야기 하지만 워커홀릭이었던 나는 일이 너무 그립고 쳇바퀴 돌 듯 돌아가는 나의 하루가 매우 무료하게 느껴졌다.

남편 회사에서 마련해준 작은 사택에서 본격적인 부산살이를 시작하고 7개월을 두문불출하였다. 누가 뭐라고 한 것도 아닌데 이 상황을 이겨내지 못하고 무기력한 내가 매일 같이 한심스러웠다. 그 시간을 견디는게 너무 힘들었지만 이대로 주저앉을 수는 없었다.

그러던 중 사택의 옆집에 살던 남편의 선배가 자녀들의 수학을 맡아서 가르쳐 달라는 제의를 하셨다. 뭔가를 시작하면 무기력함이 사라질거라는 생각이 들었고 아이들을 가르치는 일이 그리웠던 나는 거절할 이유를 찾지 못했다.

남편 선배의 세 아이 모두가 감사하게도 좋은 성과를 거두게 되면서 사택 내에서 소문이 나기 시작했고, 좁은 사택 거실을 공부하는 공간으로 만들어 본격적으로 사택 내에 사는 아이들을 가르치게 되었다. 이것이 부산에서의 삶을 오롯이 받아 들일 수 있는 아주 큰 계기가 되었다.

사택에는 중,고등학생보다는 유치원과 초등학교에 다니는 아이들이 대부분이었기에 중,고등학생을 위주로 가르쳤던 나는 어린 연령의 아이들을 가르치기 위해 다른 방식의 수업 스킬이 필요하였고, 영재 아이들을 가르쳤던 경험을 살려 교구를 이용한 사고력 수학을 공부하기 시작했다.

연령이 어린 아이들을 가르치는 것은 큰 아이들을 가르쳤던 나에게 이런 것까지 가르쳐야 하나 할 정도의 디테일함을 요구했고 어린 아이들을 가르치는 것을 조금은 쉽게 생각했던 나를 각성하게 만들었다.

다시 초심으로 돌아가서 끊임없이 연구하고 공부하는 시간들이 필요하다는 것을 인정할 수 밖에 없었다. 교구를 활용한 사고력 수학을 연구하면서 특히 유아교육과 영재교육에 지대한 관심이 생기기 시작했고 부산을 비롯하여 타지역까지 그와 관련된 스터디와 연구 모임등을 찾아다니게 되었다.

부산에서의 사교육은 서울과의 격차가 상당했고, 서울에서 10년전에 하던 교육 방식이 잔재되어 부산 전역에서 이루어지고 있었다. 주입식 교육이 만연하는 부산의 사교육의 환경이 오히려 나에게는 기회가 되었다.

서울 출신의 강사 타이틀은 부산 교육계에서는 아주 강력한 발판이 되었고 학부모들의 선호도 또한 매우 높았다. 경상도의 투박한 말투의 사투리를 구사하는 부산 사람들에게 서울 말씨를 쓰는 것 또한 학부모들에게 신뢰감을 주는 중요한 요소가 되었다.

사교육에서 전단지 10000장보다 더 강력한 홍보 효과는 엄마들의 입소문이다. 사택에서의 학부모들의 만족도가 높아지면서 주변 동네까지 입소문이 이어졌다. 여기저기 물어서 찾아오는 경우가 생기기 시작했고 나의 입지는 단단해졌다.

같은 메뉴를 파는 음식점이라 해도 장사가 잘 되는 곳과 잘 되지 않는 곳은 극명하게 나눠진다. 그 이유를 찾아보면 사실 크게 차이가 나지 않는다. 결국 종이 한 장 정도의 차이를 극복하지 못해서 장사가 잘 되지 않는 것이다.

사교육도 마찬가지이다. 같은 개념을 가르치고 같은 교재를 써도 다른 이유는 결국 종이 한 장 정도의 정성으로 갈린다고 생각한다. 특히 사교육은 교육을 받는 아이들만 만족시킨다고 해서 성공하는 것이 아니다. 학부모 또한 만족 시켜야 성공한 사교육이라는 것이다.

이미 경력은 충분히 쌓인 상태이고 가르치는 일은 누구보다 자신이 있었다. 그렇다면 그 외에 필요한 것이 무엇인지에 대해 집중하기 시작했다. 부산이라는 지역적 특성과 내가 엄마라는 것에 포커스를 두고 남들과는 다른 사교육을 하기 위한 고민이 시작되었다.

내가 잘하는 것이 과연 무엇일까? 내가 아이들에게 어떤 부분에 긍정적인 영향을 줄 수 있을까? 스스로에게 질문을 던졌다. 나는 주변에서 자주 듣는 말이 '족집게 같다.', '점쟁이 같다.' '사람 참 잘 파악한다.' 이다.

그렇다면 수학만 가르치는 과목 선생님이 아닌 아이들의 성향을 파악하여 전반적인 학습 태도 개선이나 동기부여 부분에 도움을 주면 어떨까 생각하게 되었다. 그에 관련된 책들을 찾아서 읽고 학습법에 관한 논문도 찾아보면서 아이들을 조금 더 전문적으로 이끌어주기 위한 노력이 시작됐다.

큰 아이들은 스스로 자신이 뭐가 부족한지 파악을 할 수 있기 때문에 부족한 부분을 채우기 위한 도움을 주면 되지만 어린 아이들 같은 경우 특히, 그 당시 나처럼 첫 아이를 키우는 엄마들의 고민은 끝이 없었다.

유아 교육에 대한 대량의 컨텐츠들은 부모들의 혼란을 야기하기도 하고 오히려 악영향을 미치기도 하였다.

부산에 내려오기 전까지 나의 삶 외에는 남의 삶에 크게 관심 없었던 내가 왜였을까?

나와 똑같은 고민을 하고 있는 학부모들에게 길잡이가 되주고 싶었다. 아이들의 작은 행동하나 말투만 봐도 아이들의 성향이나 기질이 파악되는 내 스스로가 신기하였다.

이것을 무기로 나는 수학 뿐 아니라 개인별 학습 솔루션을 컨설팅 해주는 선생님으로 유명해지게 되었다. 아이들에게 개별 맞춤 학습 솔루션은 자신의 아이를 포장하기 바빴던 학부모들에게 진솔한 상담을 가능하게 했고 그로 인하여 학부모들의 신뢰와 끈끈한 유대감까지 생기게 되었다.

부산의 최고의 학군 '해운대'에서 살아남는 법

나는 요즘 흔히 말하는 대문자 'T'형의 사람이다.
내가 추구하는 나의 교육 철학의 핵심은 '정직한 가르침'이다. 언뜻 보면

"F'형의 사람들이 추구하는 교육 철학이라고도 생각할 수 있을 것이다.

여기서 내가 말하는 정직한 가르침이란 자본주의 사회에서 받은 만큼보다 딱 한 스푼 더 양질의 교육 서비스를 제공하는 것이 가장 가치롭지 않을까 생각한다.

과연 딱 한 스푼이 무엇을 의미하는 것일까?

앞에서 언급했듯이 잘 되는 곳과 잘 되지 않는 곳의 차이는 종이 한 장 정도의 차이다.

노력을 해도 왜 안될까를 고민하기보다 내가 남들과 다른 차별점이 뭐가 있는지를 고민하는 것이 더 빠른 해결책이 될 것이다.

우리 남편은 부동산에 관심이 일체 없는 나와는 달리 혼자 모델 하우스를 다닐 정도로 부동산에 관심이 많은 사람이다. 부산에서는 해운대가 제일 최고라며 항상 말을 했었고, 남편의 발품 덕분에 좋은 기회가 되어 센텀시티에 위치한 대단지 아파트로 이사를 하게 되면서 본격적인 내 인생의 두 번째 커리어가 시작되었다.

사택에서의 입지를 다진 것은 워밍업에 불과했다. 사택에서의 단단한 입지를 뒤로하고 해운대로 이사하는 것이 쉬운 결정은 아니었지만, 부산에서 적응한 것만으로도 충분한 메리트를 얻은 터라 아쉬움을 떨쳐냈다.

해운대는 부산의 랜드마크이며 학군의 중심이다. 특히 센텀시티 같은 경우에는 강남의 대치동과 같은 의미이며 학원들이 밀집되어 있는 사교육의 메카라고 불리워진다. 평소 같았으면 여러 가지 기우로 걱정이 많았겠지만, 사택에서 준비운동을 해서인지 크게 겁이 나지는 않았다.

해운대로 이사를 오면서 가장 처음 한 일은 아침에 등원 차량을 태우면서 엄마들하고 친분을 쌓은 것이다. 해운대 엄마들이라 그런지 특히 사교육에 매우 관심이 많았다. 엄마들과의 대화는 해운대 분위기를 파악하는데 아주 큰 도움이 되었다.

집에 초대해 티타임을 가지면서 엄마들과 대화하면서 교육에 대한 정보들을 서로 교류했다. 사택에서와 마찬가지로 서울에서의 내 경력은 해운대에서도 빛을 발하였다. 유치원 아이들을 키우는 엄마들임에도 불구하고 교육열은 상당했고, 나를 통해 서울에서의 사교육에 대해 많이 알고 싶어했다.

나의 열정이 다시금 불타오르며 무엇이든 하면 된다는 묘한 자신감에 고민하기 보다는 일단 저지르고 보자는 마인드로 생각한 바를 실행에 옮기기로 하였다.

사택에서의 경험을 거울 삼아 해운대 지역에 맞는 나만의 차별화된 수업을 만들게 되었다.

첫 번째 전략은 같은 또래의 아이를 키우는 엄마 입장에서 생각하는 것이었다. 나라면 어떤 학원을 보내고 싶을까?

나라면 어떤 선생님을 선호할까? 스스로에게 여러번 질문을 던지며 내 아이를 보내고 싶은 학원을 내 손으로 만들어 보기로 하였다.

어린 아이들을 수업하는 부분에서 가장 어려운 점은 학부모들에게 수업이 어떻게 진행이 되었는지 피드백을 전달하는 것이었다.

그때 당시에는 지금처럼 SNS나 카카오톡이 없었기 때문에 세심한 피드백을 위해 수업 사진과 교재 사진들을 찍어서 사진 밑에 학습 목표 및 개개인의 수행정도 등을 일지처럼 기록하고 개인별로 수업 포트폴리오를 만들어서 제공했다.

내가 학부모라면 그런 피드백을 받으면 감동할 것 같았다. 모든 부모의 마음은 똑같지 않았을까? 정성어린 개인별 수업 포트폴리오는 학부모들의 큰 호응을 얻게 되었고, 따로 광고를 하지 않아도 학부모들의 입소문만으로 아이들이 줄줄이 사탕으로 들어왔다.

불과 얼마 전까지만 해도 반 년 가까이 부산에 적응을 못하고 집에만 있던 나에게 일단 지르고 보자는 결심과 그 한 번의 용기가 이런 결과를 가져오다니 얼마나 다행인지 모른다. 만약 내가 그런 결심과 용기를 내지 않았다면 지금의 나는 없었을 것이다.

두 번째 전략은 실력있는 원장님들과의 인프라를 만드는 것이었다. 그때 당시에는 지금처럼 zoom이나 화상 강의등이 없었고 많은 교육 컨텐츠들이 서울에 밀집되어 있다보니 지방쪽 원장님들은 지역별로 뭉쳐서 스터디를 하거나 연구 모임을 갖는 경우가 많았다.

부산을 비롯하여 경상권 원장님들과 매주 함께 모여 수업 방식에 대해 노하우를 공유하고 새로운 교구를 가지고 활동 중심에 수업 방법 등을 연구하였다. 나와 같은 뜻을 가지고 계신 원장님들과의 커뮤니케이션은 너무나 중요한 밑거름이 되었고 한 번 더 성장하는 계기가 되었다.

세 번째 전략은 프로페셔널한 학부모 교육이다. 수업을 받는 건 아이들이지만 그 이상으로 만족을 느껴야 하는 대상은 학부모이다. 학부모에게 내 수업이 설득력이 있으려면 그에 맞는 전문성을 갖추고 학부모들이 잘 모르지만 꼭 알아야 하는 정보들을 제공해야 한다고 생각했다.

정기적인 학부모 교육이나 설명회는 외부에 강연장을 대관하여 제대로 진행하였다. 교육의 주제 또한 내가 학부모이기 때문에 가려운 부분을 긁어주는 주제들로 임팩트 있게 선정하였다.

연사는 외부에서 초청을 하기도 하고 함께 연구 모임을 하는 원장님들과 서로 품앗이를 하였다.

가장 크게 호응을 얻었던 학부모 교육중에 하나를 뽑아 보자면 그 때 당시는 과학고나 자사고 붐이 일어났을 때였다. 과학고나 자사고와 관련이 있는 연사를 초빙하려고 알아보던 중에 함께 연구모임을 하는 원장님들 아들이 한 명은 과학고를 나와서 카이스트에 진학한 아이였고, 또 한 명은 자사고를 나와서 의대에 진학한 아이였다.

엄마들의 로망인 과학고와 자사고를 경험하고 입시에도 성공한 두 아이의 경험담만큼 확실한게 어딨을까? 내 스스로도 그 아이들의 이야기를 직접 듣고 싶었기에 과감하게 두 아이를 연사로 세우기로 하였다.

대학교 1학년 아이들이 그 많은 학부모들 앞에서 강의를 한다는 것은 부담이 큰 상황이라 엄마들이 원하는 것이 무엇일까 고민을 하다가 질의 응답을 미리 받아서 두 아이가 그 질문에 답변을 준비할 시간을 주었다.

나의 예상은 적중했고, 엄마들은 카더라 통신으로만 듣던 과학고와 자사고의 현실을 인지하게 되었다고 하시며 이런 학부모 교육은 처음이라고 너무 유익했다는 칭찬을 정말 많이 받았다.

그로 인해 학부모들에게 다른 학원과의 차별화된 학원으로 인정받게 되었고, 전문성을 보여주고 있다는 인식을 갖게 했다.

1년에 2번 빠지지 않고 다양한 주제와 학부모들이 궁금해 할 만한 관심사들을 선정하여 주기적으로 학부모 설명회와 교육을 진행하였고, 우리 학원은 고급정보를 전해주는 학원으로 정평이 나기 시작했다.

요즘도 가끔 상담 전화를 하면서 어떤 경로로 우리 학원에 대한 정보를 알게 되었냐고 물어보면 1~2년 전에 학부모 설명회에 참석하시고 생각나서 연락하셨다는 분들도 종종 찾아볼 수 있다. 학부모 교육이나 설명회는 보험 같은 것이라고 생각하고 꾸준히 열어서 학부모들과 소통을 하는 것이 매우 중요하다.

강한 학원을 만드는 비법 전수

우리나라는 사교육에 의존도가 매우 높은 나라임에도 불구하고 사교육이 마치 아이들을 망치는 것처럼 왜곡된 시각에서 바라보는 경우가 많은게 현실이다. 나는 비록 사교육을 하는 사람이지만 항상 정직한 가르침이라는 슬로건을 외치며 내가 가르치는 아이들을 위해 노력하고 그 아이들이 사회에 크게 기여하는 사회 구성원으로 자라기를 진심으로 바라며 학원을 운영했다고 자부한다.

나는 유명 프랜차이즈를 들이지 않고 부산에서 제로베이스로 시작하였다. 부산 최고의 학군이라 불리우는 해운대라는 지역에서 지금까지 살아남아 초,중,고 수학 과학 전문학원을 시작으로 중,고등학생을 대상으로 하는 자기주도학습센터 그리고 영유아 대상의 융합 영재 센터까지 오픈하였다. 그동안 얼마나 많은 우여곡절과 희로애락이 있었겠는가?

여러 시행착오를 거치면서 쌓아온 학원 운영 노하우들을 풀어보고자 한다.

첫째, 강한 학원을 만드는 첫 번째 비법은 학원의 정체성을 확실하게 보여주는 입학 상담이다.

임팩트 있는 입학 상담은 매우 중요하다. 그 이유는 우리 학원의 교육 철학과 학원 프로그램을 정확하게 전달할 수 있는 절호의 기회이며, 타 학원과의 차별화된 우리 학원의 장점을 각인 시킬 수 있기 때문이다.

나는 입학 상담을 할 때 학부모의 동의를 구하고 레벨 테스트와 함께 아이의 기질 적성 검사와 학부모 성향 검사를 함께 진행한다.

처음 학원에 오는 아이들을 빠른 시간안에 파악하고 그 아이에게 맞는 선생님을 배정하는데 지침이 될 뿐만 아니라 공부양이 많아지는 시기의 부모와 아이들이 겪는 소통의 문제들 또한 이런 기질적인 부분에 대한 진단으로 많이 해소가 되었고, 맞춤 솔루션까지 제시해줌으로써 학부모들에게 엄청난 신뢰를 주는 계기가 되었다.

입학 상담에서는 최대한 많은 정보를 얻어야 한다. 이전 학원은 어디를 다녔고, 다닌 기간은 얼마나 되었으며, 학원을 옮기고자 하는 이유를 통해 전 학원의 불만 사항이 뭐였는지 파악을 하고 초등학생이라도 진학 계획이나 목표가 있는지 꼭 물어본다.

간단하지만 강렬한 입학 신고식을 치르고 아이가 레벨테스트를 시작하면 나는 학부모님을 주인공으로 모셔놓고 대형 TV에 우리 학원만의 프리젠테이션을 준비한다.

그것은 우리 학원의 정체성이 무엇인지 알리고 학부모 단 한 명을 위한 원장의 진심어린 프리젠테이션으로 진정성을 보여줄 수 있기에 한 분을 모셨더라도 게을리하지 않는 부분이다.

두 번째 비법은 다양한 수업 방식을 활용하여 흥미와 자신감을 끌어내는 것이다. 한국은 수학을 잘하는 나라이지만 수학을 싫어하는 나라이기도 하다. 어릴 때부터 수학이라는 과목에 대한 압박감을 심하게 느끼기 때문이라고 생각한다.

나는 이제 이과 과목도 듣고, 읽고, 쓰고, 말하기까지 모두 가능해야 한다고 생각한다. 그러기 위해서는 다양한 매체를 활용하는 것이 중요하다.

다양한 수업 방식이 필요하다는 니즈를 충족시키기 위해 교구를 이용한 조작 활동은 물론이고 지식 동영상 수업을 통해 배경 지식을 확장하고 발표 수업으로 문제를 직접 만들고 같은 클래스 친구들에게 출제하는 경험을 하게 하였다. 자신이 출제한 문제에 대한 오류는 그 문제를 직접 풀어본 친구들이 발견하고 그 문제에 대한 토론도 스스로 할 수 있게 하였다.

가장 만족도가 높았던 것은 사고력 수학 수업과 실험 과학 수업시간에 진행하는 독서 기록지 활동이었다. 독서 기록지 양식은 중학교 수행평가의 양식을 모티브로 만들었으며 책의 내용을 줄거리처럼 적는 것이 아니라 지식 확장을 핵심으로 새롭게 알게 된 내용에 대해 기술하게 하여 서술 실력은 물론이고 특히 남자 아이들은 글씨까지 예쁘게 쓰는 일석이조의 효과를 가져왔다.

수학이나 과학처럼 이과 과목에서 독서 기록지를 쓰게 하는 것은 흔치 않은 일이었고 독서 기록지를 쓰는 것에 그치지 않고 새롭게 알게 된 내용을 주도적으로 발표하게 하면서 수학과 과학을 읽고 듣고 쓰고 말하기까지 할 수 있는 포맷을 완성했다.

세 번째 비법은 재원생을 마케팅 홍보부장으로 활용하라는 것이다. 내가 생각하는 가장 큰 마케팅 효과는 입소문이라고 생각한다. 모든 수업에 대한 브리핑을 각 반마다 밴드를 만들어서 그 날 수업에 대한 활동 사진들과 교재 내용을 올리기 시작했다.

내 스스로도 아이가 학원에 가서 무엇을 배우고 왔는지 알 수 없는 경우가 많았기에 학부모들을 궁금하게 하고 싶지 않다는 이유가 제일 컸다. 매 수업마다 자세하게 기술된 밴드 브리핑은 우리 학원의 최고의 마케팅 효과를 가져다 주었다.

학원 입장에서는 아이들만 고객이 아니라 학부모도 고객이기 때문에 두 배로 더 정성을 들여야 한다고 생각한다. 학부모가 자신의 자녀들에 대하여 객관적으로 파악할 수 있고 도움을 받을 수 있는 곳이 되어야 하고, 자신의 자녀가 학원에서 무엇을 배우고 있는지 궁금해하지 않아도 알 수 있어야 한다.

그것들을 충족시키기 위해 많은 노력을 했고 학부모와의 원활한 소통을 위해 여러 방법을 모색했기에 학부모들의 만족도를 높일 수 있었다. 그런 학부모님들은 기꺼이 우리 학원의 홍보부장이 되어 주셨다.

마지막 비법은 주기적인 학부모 설명회와 간담회를 통해 정보를 전달하는 정보 마케팅이었다.

학부모들이 많이 궁금해 하지만 속시원히 듣지 못하는 교육 컨텐츠들을 모아서 주기적으로 학부모 설명회와 간담회를 열었다. 코로나가 극심할 때는 오프라인 설명회가 어려워 ZOOM으로 온라인 설명회를 할 정도로 학부모에게 정보를 전달하는 것을 게을리 하지 않았다.

부산이 해운대가 교육열이 높은 지역이기는 하지만 서울의 교육 정보들을 모두 알 수는 없었기에 카더라 통신에 현혹되는 학부모들이 없기를 바라며 나의 서울 인프라를 활용하여 수준 높은 강연자들을 모시고 학부모들에게 알짜배기 진짜 정보를 전달해주기 위해 노력했다.

대부분의 학원은 새로운 신규 학생들을 유치하기 위해 학부모 설명회나 간담회를 하는 경우가 많은데 나는 우리 재원생 학부모님들께 정보를 전달하는 것이 주목적이었기에 재원생 학부모가 초대한 경우가 아니고는 외부 학부모님들은 설명회 참석을 할 수 없었다.

퀄리티가 높은 학부모 설명회는 주변에 소문이 났고 우리 재원생 학부모님들은 학부모 설명회에 초대해달라는 부탁을 많이 받게 되었다. 이런 일들이 학원의 충성도를 높이고 학원에 대한 애정으로 이어졌다.

전문성에 진정성 한 스푼

내가 학원을 운영하면서 가장 중요하게 생각하는 것은 내 아이를 보내고 싶은 학원을 만들자였다. 나 또한 두 아이를 키우는 엄마기에 학부모 입장에서 많이 고민하고 연구하며 진정성 있게 학원을 경영하였기에 지금까지 왔다고 생각한다.

학원은 전문성을 떠나서는 발전할 수 없다. 주먹구구식의 동네 학원처럼 전문성이 떨어진다면 학부모와 학생들에게 외면을 당할게 뻔하다. 우리나라 학원의 특징상 성과를 내지 못하는 학원이 성공할 수 없는 건 당연한 이치이다.

나는 우리 학원 아이들이 진심으로 입시 뿐만 아니라 사회에서도 성공하는 아이들로 성장하기를 바란다. 그래서 전문성을 갖추기 위해 서울 못지않은 프로그램을 항상 연구하며 적용하였고, 어릴 때부터 그렇게 함께했던 친구들이 지금 특목고나 자사고에 진학해 있고, 의대나 명문대를 위해 1등

급을 놓치지 않고 정진할 수 있는 것은 그런 노력들이 빛을 보고 있다고 믿어 의심치 않는다.

울산 현대 청운고에 진학한 제자 녀석이 한 말이 항상 마음에 남아 있다. "원장님! 저의 공부의 시작은 여기였습니다. 우리 학원에서 공부하지 않았더라면 자사고를 갈 생각도 못했을거에요. 원장님이 꿈을 꾸게 해주셨습니다." 청운고 입학식 전날 저에게 찾아와서 한 말이었다.

학부모 한 분은 자기 아이가 한거라면서 사진과 함께 카카오톡을 보내주셨는데 가족들을 색깔로 표현하는 활동에서 마지막 칸에 김민선 원장님이라고 써놓고 나를 보라색으로 표현했다고 하셨다. 그 이유가 옆에 써있었는데 그 이유를 보는 순간 울컥하는 마음이 들었다.

그 이유를 그대로 표현하자면 "자연속에서 좀처럼 볼 수 없는 보라색, 보기 드문 교육자! 손익을 따지지 않고 남의 자식까지 진심으로 잘 되기를 비는 모습과 자신의 많은 것을 포기하며 가르치는 모습이 보기 힘든 사교육자라서"

가족을 소개하는 곳에 내 이름이 써있는 것도 감사한데 보기 드문 교육자라는 표현에 아이들도 나의 진정성을 알아주는구나 생각이 들었고, 여태까지 모토로 삼았던 정직한 가르침이 헛되지 않았음을 다시 한번 확신하게 되는 일화였다.

중,고등학생 자녀를 둔 학부모께는 질적인 정보를 제공하고 아이들에게는 실력을 향상 시킬 수 있는 전문적인 프로그램을 제공하면 된다. 유치원생이나 초등학생 자녀를 둔 학부모께는 양육이라는 힘든 시기를 겪고 있고, 첫 아이를 키우는 입장에서 어떤 방향으로 아이들을 양육해 나가야 하는지 혼란스러움을 토로하는 경우를 많이 보았기에 나는 대나무숲 같은 원장이 되어주고 싶었다.

 젊은 학부모들을 위해 "아름다운 엄마들을 위한 브런치 파티"라는 타이틀로 학부모 간담회를 열어 예쁜 도시락과 커피 선물등을 준비하여 어머님들과 함께 우리 아이들에 대한 고민을 터놓을 수 있는 장을 만들었다. 학부모들에게 뜨거운 반응을 얻었고, 아이들에 대한 성장 로드맵도 얻었지만 마음의 위로가 되었다고 말씀 해주셔서 그 부분이 나 또한 감동이었다.

 학원은 돈을 받고 교육으로 서비스를 제공하는 곳이지만, 전문성을 갖춘 교육 프로그램만 있다고 해서 성공하는 것이 아니라 전문성은 물론이거니와 진정성이 함께 있어야 참된 교육 서비스를 제공할 수 있다고 생각한다. 전문성에 진정성 한스푼이면 된다. 그것은 별로 어렵지 않은 일이다. 조금만 노력한다면 누구나 진정성 있는 학원을 만들 수 있다고 생각한다.

 부산에 내려와서 사택에서부터 시작된 자그마한 가르침들이 모이고 쌓여서 지금의 나를 이루었다고 생각한다. 다시 처음 부산에 내려왔을 때로 돌아가라고 한다면 그렇게 열심히 연구하고 공부하며 정진할 수 없을 것 같다.

 지금의 내 모습을 돌아보니 지금까지의 나의 학원 인생이 주마등처럼 스쳐 지나간다.

 서울에서 치열하게 강사 생활을 하며 승승장구할 것 같았던 젊은 피의 나...
 부산에 내려와 적응하지 못하고 날개가 꺾인 아기새마냥 무기력했었던 순간...
 다시 일어나기 위해 고군분투하며 노력했던 시간들...

사택에서 시작된 작은 가르침들이 모여서 공부방으로 시작된 부산에서의 제2막 인생이 참 힘들기도 했는데 내 인생의 많은 부분에 영향을 끼친 순간들은 모두 이곳에서였다. 해운대라는 교육특구에서 살아남기 위해 끊임없이 노력했기에 공부방의 아이들이 100명이 넘어서는 기간은 불과 2년이 채 걸리지 않았다.

차고 넘치는 아이들로 행복한 순간들에 안주하고 싶지 않아서 아이들을 위한 전문성을 갖춘 학원을 오픈했고, 초등학교때부터 다녔던 아이들이 중학생이 되고 고등학생이 되는 과정을 지켜 보았다. 그 아이들의 고충과 고뇌를 너무 잘 알고 그 과정을 함께 나누며 우리는 같이 성장했다.

코로나 4년을 겪으면서 중-고등학생이 된 아이들은 주도적으로 공부하는 법을 알지 못했다.

제대로 관리 받으며 공부할 곳이 없다는 것을 알게 된 순간 나는 주저하지 않고 우리 아이들을 위한 주도학습센터를 오픈했다.

나를 첫 수학 선생님으로 만나서 공부하는 과정 하나 하나를 내게 배운 아이들의 성장을 함께 하고 싶었고, 우리 아이들의 공부 스타일이나 학습 방향, 진로등을 누구보다 잘 알고 있는 사람이 나였기에, 대학을 진학하는 그 순간까지 끝까지 함께 해야겠다는 사명감 같은 것이었다.

아이들을 위해 입시컨설팅 공부를 게을리하지 않았고, 여러 과정의 연수와 시험을 통해 라이센스를 갖추고 입시 전문가로서 활동을 하고 있다. 입시라는 제도적인 부분 뿐아니라 진로역량이라는 부분에 포커스를 맞추고 우리 아이들이 스스로에게 맞는 진로를 선택할 수 있는 길라잡이가 되어주고 싶어 전문적인 진로 검사 시스템을 갖추어 운영하고 있다.

우리나라 입시는 예전과 달리 이제는 모든 과목을 다 잘 해내야 입시에 성공할 수 있는 참으로 어려운 구조의 입시의 틀을 갖고 있다. 고등학교 아이들의 성적과 생기부를 관리하면서 느끼는 여러 가지 필요한 역량들을 조금 더 어릴 때 미리 준비한다면 입시에 최적화 된 인재들을 만들 수 있을 거라는 생각이 많이 들었다.

나의 장점은 생각한 것을 최대한 빠르게 추진하여 실천하는 것이다. 생각만으로 끝내지 않고 입시에 최적화 된 인재를 만들기 위해 해운대의 가장 부촌이라 불리우는 '마린시티'에 영유아를 전문으로 하는 영재교육 센터를 오픈했다.

내가 교육이사로 재직중인 B회사에 교육이사로 재직하면서 함께 개발에 참여했던 프로그램을 직접 운영해보고 싶은 목표도 있었고 내가 감수한 교재를 가지고 수업을 한다는 것 또한 큰 의미가 있었다.

문해력이 강조되는 요즘 시대에 맞게 리터러시 영재교육이라는 타이틀로 수학, 과학은 물론이고 아트와 한글, 논술까지 모두 한 곳에서 해결할 수 있는 영유아 전문 영재센터로의 프렌차이즈화도 계획하고있다.

또한 학부모들에게 해결사 역할을 해주기 위한 일환으로 웩슬러 지능검사, 카우프만 검사, 지문적성 검사까지의 모든 라이센스를 준비했다.

어릴 때부터 다양한 부분의 역량들을 갖추기 위해 학습적인 부분 뿐 아니라 아이들의 역량을 관리할 수 있는 성향, 기질, 지능 검사가 가능한 시스템으로 어린 아이들의 강점은 발전시키고 약점은 보완할 수 있는 기능적인 부분까지 완비하게 되었다.

코로나가 극심했을 때에도 나는 주저 앉는 것이 아니라 확장을 거듭했다.

남들은 포기할 때 버텨냈다. 나의 노력과 진정성을 알아주시고 믿어주셨던 학부모님들과 아이들이 있었기에 가능한 일이었다. '정체하지 말고 정진하자!' 항상 내 스스로에게 주문걸 듯이 했던 말이다.

한번도 실패하지 않은것처럼 보일 수 있지만 나는 항상 넘어졌고 그저 매번 아무일 없다는 듯이 털고 일어났을 뿐이다. 그리고 또 달리기 시작했다. 수학 과학 전문학원인 아이피엘에스학원과 관리형 주도학습센터인 PLS 자기주도 학습센터에 이어 영유아 전문 리터러시 영재센터 아이클링까지 교육에 관해 전천후가 되어가고 있다.

나는 끊임없이 지치지않고 그리고 추진하고 실천한다. '마린시티'에 영유아 전문 아이클링을 시작으로 올해 한 번더 도약을 하기 위해 상가를 매입했다. 초중등을 대상으로 하는 인재 양성을 목적으로 하며 입시에 성공하기 위해 필요한 모든 프로그램을 갖춘 메카로 자리 잡게 될 것이다.

20년 넘게 교육업에 종사했고 만 3세부터 고3까지 아우르는 교육 전문가가 되기 위해 참 많은 세월을 매순간 성장하고자 노력했던 결과물을 이렇게 나열할 수 있어서 감개무량하다.

요즘 아이들은 동기와 명분이 없으면 공부라는 것에 큰 의미를 두지 않는다. 즉, 시키니까 하는 수동적인 공부를 하는 경우가 많다는 것이다. 떠밀려서 하는 공부는 오래가지 못한다. 이 말은 명확한 꿈과 진로를 향해 나아가는 것과 그렇지 않은 경우는 엄청나게 다른 결과를 가져온다는 것을 의미한다.

나는 사교육자이지만 아이들 스스로에게 맞는 꿈과 진로를 함께 찾아주고 싶다. 그것이 우리가 본질적으로 아이들을 공부하게 할 수 있는 가장 쉬운 방법이라 생각한다. 아이들과 함께 성장하는 순간 순간들이 내게는 재산이고 자양분이다.

지금은 조금 더 어린 아이들부터 시기에 맞는 교육 컨텐츠들을 제공하면서 아이 한명 한명의 인생에 의미있는 나침반이 되어주고 싶다. 학부모들이 그 아이들을 양육하면서 겪는 시행착오들을 줄여주기 위해 학부모들에게는 해결사가 되어주고 싶다. 그것이 내가 가장 잘 할 수 있는 일이기에 책임감과 사명감으로 내 신념을 지켜나가고자 한다.

아직 끝나지 않은 도전들이 많이 남아있다. 언젠가는 내 이름 석자가 브랜드가 될 날을 꿈꾸며 나는 오늘도 정체하지 않고 정진한다.

정체하지 말고 정진하라!

인생은 끊임없는 도전의 연속이다. 부산에 내려와 적응하지 못하고 무기력했던 순간부터 지금까지, 나의 교육자로서의 여정은 '정체하지 말고 정진하라'는 신념 아래 계속되어 왔다.

이 신념은 단순한 말이 아니라 나의 모든 행동과 결정의 기반이 되는 삶의 철학이다. 매일 아침 눈을 뜰 때마다, 나는 이 문장을 되새기며 하루를 시작한다. 이는 나에게 힘을 주고, 앞으로 나아갈 수 있는 원동력이 된다.

사택에서 시작된 작은 가르침이 해운대의 교육 메카로 성장하기까지, 나는 매 순간 도전을 받아들이고 새로운 기회를 창출해왔다. 공부방에서 200명 가까이를 모아서 학원으로 나오게 된것은 시작에 불과했다.

이는 단순한 욕심이 아닌, 더 많은 학생들에게 양질의 교육을 제공하고자 하는 열망에서 비롯된 것이다. 학생 한 명 한 명의 성장을 지켜보며, 나 또한 함께 성장하고 있음을 느꼈다. 그들의 눈빛이 변화하고, 자신감이 생기는 모습을 보는 것이 나에게는 가장 큰 보람이었다.

교육 환경의 변화에 발맞추어, 나는 끊임없이 새로운 영역을 개척해왔다. 코로나 팬데믹 상황에서도 주저앉지 않고 주도학습센터를 오픈한 것은 그한 예이다. 이는 단순히 사업 확장이 아닌, 변화하는 교육 환경에 적응하지 못하는 학생들을 위한 나의 사명감의 표현이었다.

위기를 기회로 삼아, 학생들에게 더 나은 학습 환경을 제공하고자 했다. 이 과정에서 많은 어려움이 있었지만, 그 어려움을 극복하는 과정 자체가 나에게는 값진 경험이 되었다. 온라인 수업과 오프라인 수업의 장단점을 분석하고, 두 가지를 적절히 조화시키는 방법을 연구하며 밤을 지새웠던 기억이 아직도 생생하다.

정진은 단순히 앞으로 나아가는 것이 아니다. 그것은 끊임없는 자기 계발과 혁신을 의미한다. 나는 입시 전문가로서의 역량을 갖추기 위해 지속적으로 공부하고, 다양한 라이센스를 취득했다. 이는 단순히 지식을 쌓는 것이 아니라, 학생들에게 더 나은 교육과 진로 지도를 제공하기 위한 노력이었다.

매일 밤늦게까지 공부하고, 주말에도 연수를 받으며 나 자신을 단련시켰다. 이 과정이 힘들 때도 있었지만, 학생들의 성장을 볼 때마다 그 모든 노력이 헛되지 않았음을 느꼈다.

특히 입시 제도가 바뀔 때마다, 나는 가장 먼저 그 변화를 파악하고 학생들에게 적용하고자 노력했다. 이는 쉽지 않은 일이었지만, 학생들의 미래를 위해 꼭 필요한 과정이라고 믿었다.

또한, 나는 교육의 시작점을 더 어린 연령대로 확장했다. '마린시티'에 영유아 전문 영재교육 센터를 오픈한 것은 미래 교육에 대한 나의 비전을 실현하는 과정이었다. 이는 단순히 사업 영역을 넓히는 것이 아니라, 조기 교육의 중요성을 인식하고 이를 실천에 옮긴 결과였다.

영유아기의 교육이 향후 학습 능력과 성격 형성에 미치는 영향을 직접 목격하면서, 이 시기의 교육에 더욱 정성을 쏟게 되었다. 아이들의 순수한 호기심과 학습 의욕을 보며, 교육의 본질에 대해 다시 한 번 생각하게 되었다. 놀이를 통한 학습, 감성 교육, 창의성 개발 등 영유아 교육에 필요한 다양한 요소들을 연구하고 적용하는 과정은 나에게도 새로운 도전이었다.

정진의 과정에는 항상 도전과 시련이 따른다. 나 역시 여러 번 넘어지고 좌절했다. 하지만 중요한 것은 넘어질 때마다 다시 일어나 앞으로 나아가는 것이다. 각각의 실패와 좌절은 새로운 도약의 발판이 되었다.

처음 해운대에 학원을 열었을 때, 학생 모집에 어려움을 겪었던 순간, 재정적 위기를 겪었던 순간들… 이 모든 순간들이 나를 더 강하게 만들었다. 실패를 두려워하지 않고, 그로부터 배우는 자세가 지금의 나를 만들었다.

특히 초기에 겪었던 재정적 어려움은 나를 더욱 철저한 경영자로 만들어 주었다. 교육의 질을 높이면서도 동시에 경영의 안정성을 유지하는 것, 이 두 가지 목표를 동시에 달성하기 위해 끊임없이 노력했다.

현재 나는 수학 과학 전문학원, 관리형 주도학습센터, 영유아 전문 리터러시 영재센터 등을 운영하며 교육의 전 분야를 아우르고 있다. 하지만 이에 만족하지 않고 더 큰 꿈을 향해 나아가고 있다.

최근에 상가를 매입한 것은 초중등 아이들을 입시에 최적화된 인재로 양성하기 위한 새로운 도전의 시작이다. 이는 큰 모험이었지만, 학생들을 위해 더 나은 환경을 제공하고자 하는 마음에서 비롯된 결정이었다. 앞으로 이 공간을 어떻게 발전시켜 나갈지, 어떤 프로그램을 제공할지 생각하는 것만으로도 가슴이 뛴다.

이 새로운 공간에서는 단순한 지식 전달을 넘어, 학생들의 잠재력을 최대한 끌어올리는 전인적 교육을 실현하고자 한다. 4차 산업혁명 시대에 필요한 창의성, 문제 해결 능력, 협업 능력 등을 키울 수 있는 특별한 커리큘럼을 준비 중이다.

정진의 여정에서 가장 중요한 것은 본질을 잃지 않는 것이다. 나에게 그 본질은 바로 학생들이다. 나는 단순히 지식을 전달하는 교육자가 아닌, 학생들의 꿈과 진로를 함께 찾아주는 길잡이가 되고자 한다. 이는 사교육자로서의 나의 궁극적인 목표이며, 끊임없는 정진의 이유이다.

학생 개개인의 특성과 재능을 파악하고, 그에 맞는 맞춤형 교육을 제공하는 것이 나의 사명이라고 생각한다. 때로는 밤을 새워가며 학생 한 명 한 명의 학습 계획을 세우고, 그들의 고민을 들어주는 것도 이 때문이다. 학생들의 성적 향상도 중요하지만, 그 과정에서 자신감을 얻고 꿈을 키워나가는 모습을 보는 것이 나에게는 더 큰 보람이다.

앞으로의 도전은 더욱 거대할 것이다. 교육 환경은 빠르게 변화하고 있으며, 학생들의 요구도 다양해지고 있다. 이에 발맞추어 나는 계속해서 새로운 교육 방법과 콘텐츠를 개발하고, 학생 개개인에 맞는 맞춤형 교육을 제공하기 위해 노력할 것이다. 기술의 발전과 함께 교육 방식도 변화하고 있음을 인지하고, 이를 적극적으로 수용하고 활용할 계획이다.

하지만 동시에 기술이 대체할 수 없는 교육자의 역할, 즉 학생들과의 정서적 교감과 인성 교육의 중요성도 잊지 않을 것이다. AI와 빅데이터를 활용한 개인 맞춤형 학습 시스템 개발, VR/AR을 활용한 실감형 교육 콘텐츠 제작 등 첨단 기술을 교육에 접목시키는 방안을 구상 중이다.

하지만 이러한 기술적 진보 속에서도 학생과 교사 간의 따뜻한 소통과 신뢰 관계 구축의 중요성을 항상 명심하고 있다.

'정체하지 말고 정진하라'는 말은 단순한 슬로건이 아니다. 그것은 나의 삶의 철학이자, 교육자로서의 사명이다. 나는 앞으로도 이 철학을 바탕으로 끊임없이 성장하고, 도전하며, 학생들과 함께 발전해 나갈 것이다.

교육은 끝이 없는 여정이며, 나는 이 여정을 즐기며 나아가고 있다. 때로는 힘들고 지칠 때도 있지만, 학생들의 성장을 볼 때마다 새로운 힘을 얻는다. 그들의 성공 스토리를 들을 때마다, 내가 걸어온 길이 옳았다는 확신을 갖게 된다.

언젠가 내 이름이 하나의 교육 브랜드가 되는 날까지, 나는 오늘도 정진한다. 그리고 이 여정에 함께하는 모든 학생들, 학부모님들, 그리고 동료 교육자들에게 감사의 마음을 전한다. 우리는 함께 더 나은 교육의 미래를 만들어갈 것이다.

교육의 힘을 믿고, 그 힘으로 세상을 변화시킬 수 있다는 믿음으로, 나는 오늘도 한 걸음 더 나아간다. 그 한 걸음 한 걸음이 모여 거대한 변화를 만들어낼 것이라 믿는다. 나의 이 여정이 다른 교육자들에게도 영감이 되어, 더 많은 이들이 함께 정진하는 날을 꿈꾼다.

이 여정은 결코 쉽지 않을 것이다. 교육 정책의 변화, 새로운 기술의 등장, 학생들의 다양한 요구 등 수많은 도전과 마주하게 될 것이다. 하지만 나는 이러한 도전을 두려워하지 않는다. 오히려 이를 통해 더 성장할 수 있는 기회로 삼고자 한다. 매 순간 최선을 다하며, 끊임없이 학습하고 변화에 적응해 나갈 것이다. 그리고 이 과정에서 얻은 경험과 지혜를 다음 세대의 교육자들에게 전달하고자 한다.

정진의 끝은 어디일까? 나는 그 끝이 없다고 믿는다. 교육은 끊임없이 발전하고 변화하는 분야이기 때문이다. 새로운 세대가 등장할 때마다 그들의 특성과 요구에 맞춰 교육 방식도 변화해야 한다. 따라서 교육자로서의 정진은 평생 계속되어야 하는 과정이다.

나는 이 끝없는 여정을 즐기고자 한다. 오히려 이를 통해 나 자신도 계속해서 성장할 수 있다는 점에 감사함을 느낀다. 매일 새로운 것을 배우고, 새로운 도전에 맞서는 과정에서 나 자신의 한계를 뛰어넘을 수 있기 때문이다.

앞으로도 나는 '정체하지 말고 정진하라'는 신념을 가슴에 새기며 나아갈 것이다. 이는 단순히 나 개인의 성공을 위한 것이 아니다. 내가 정진함으로써 더 많은 학생들에게 더 나은 교육을 제공할 수 있고, 그들의 꿈과 희망을 키워줄 수 있다고 믿기 때문이다.

교육의 힘은 무궁무진하다. 한 명의 학생이 변화함으로써 그 가족이 변화하고, 나아가 사회가 변화할 수 있다. 이러한 변화의 시작점에 내가 서 있다는 사실에 큰 책임감과 자부심을 느낀다.

마지막으로, 나는 이 글을 읽는 모든 이들에게 말하고 싶다. 여러분도 각자의 분야에서 정진하길 바란다고. 우리 모두가 끊임없이 노력하고 발전해 나간다면, 우리 사회는 더욱 밝고 희망찬 미래를 맞이할 수 있을 것이다.

오늘도 나는 정진한다. 더 나은 교육자가 되기 위해, 더 많은 학생들의 꿈을 키워주기 위해, 그리고 더 나은 사회를 만들기 위해. 이 여정에 끝은 없지만, 그 과정 자체가 나에게는 가장 큰 보람이자 행복이다. 정체하지 않고 정진하는 삶, 그것이 바로 내가 꿈꾸는 삶의 모습이다.

김효경(주아나)

해외여행을 하며 영어 공부에 눈뜨게 되었고, 이를 계기로 영어 공부방까지 창업했다. 좋아하는 일은 잘하게 될 때까지 도전하고, 인생을 더 즐겁게 해줄 일이라면 시작할 준비가 되어있다. 학생들의 실력 상승은 물론이고, 지금은 갓 창업한 새내기 원장님들의 매출도 올려주는 컨설턴트가 되었다. 예비 창업자, 신규 창업자 모두에게 도움 될 운영 비법들을 아낌없이 알려주고 있다.

- 주아나 영어 공부방 원장
- 주아나 공부방 컨설팅 대표

여성창업시대

리더가 된 여자들
도전에 답하다.

Part 4

주 4일, 월 900만원 버는
20대 영어 공부방 원장 되는 법

CONTENTS

영어 비전공자는 어떻게 영어 공부방 원장이 되었을까?　　135

창업에 필요한 두 가지, 300만 원과 씨앗 학생　　137

지역은 어디가 좋을까? 수업료는 얼마를 받지?　　142

주 4일, 월 1000만 원 버는 시스템 만들기　　146

학생이 안 나가는 수업 노하우　　149

예비 원장님, 초보 원장님을 위한 창업 컨설팅　　153

영어 비전공자는 어떻게 영어 공부방 원장이 되었을까?

나는 영어 영문학과가 아닌 경영학과를 전공했지만, 28세에 영어 공부방을 창업했다. 개원 2년 후부터 수입은 월평균 800만 원을 넘었고, 4년 차부터 지금까지는 900만 원 이상이다. 개원 전부터 리스크 최소화에 대해 충분히 고민했기 때문에, 첫 달부터 300만 원 이상의 수입이 있었다.

수업은 주 4회, 월~목요일에 한다. 오래 다닌 학생들이 많아 수업도 합이 잘 맞고, 학생들 성적도 좋은 편이다. 재작년 의대 합격생이 나온 이후에는 '성실한 학생들이 다니는 곳'으로 소문이 났다. 나를 믿어주시는 감사한 분들을 만나 학부모 관련 스트레스도 거의 없는 편이다. 현재로서는 규모를 더 키우지 않고 지금처럼 유지하는 게 목표다.

비전공자여도 도전할 수 있다. 10대 학생들을 지도할 만큼의 지식을 갖췄다면, 원을 운영할 수 있는 능력에 대한 준비가 필요하다. 강사로 가르치기만 하는 것과 원장이 되어 운영하는 건 또 다른 일이다. 나는 어릴 때부터 사장님이 되고 싶어 경영학과에 진학했는데, 오히려 이런 성향이 창업에 도움 됐을지도 모른다.

왜 여러 과목 중 영어를 선택했을까? 여행을 좋아해서였다. 20대 초반 대학생 시절에 15개국을 다닐 만큼 여행을 좋아했고, 경비 마련을 위해 여러 아르바이트를 했다. 학교 장학금, 장기, 단기 알바 등 가능한 일은 다 했다. 편의점, 빵집, 카페에서 오래 근무했고 단기로는 일당이 센 마트에서도 일했다. 하루에 두 곳에서 일한 적도 더러 있다.

여행을 다니면서 세계 공용어인 영어의 중요성을 깨닫기 시작했다. 학창 시절 풀던 모의고사와 실전은 너무 달랐다. 회화에 대한 갈증도 있었다. 호스트에게 문화를 묻거나 다른 배낭여행자들과 더 이야기하고 싶었지만, 기본적인 의사소통만 가능했다. 그래서 더 즐거운 여행을 위해 영어 공부를 시작했다.

이후 대학 멘토·멘티 봉사 프로그램에 자원해 후배들에게 영어를 가르쳤고, 멘토 경력을 가지고 영어 학원 아르바이트에 지원했다. 나는 빨리 돈을 모아 배낭여행을 떠나고 싶었는데, 학원 조교는 시급이 높은 편이라 놓칠 수 없었다. 그렇게 시작한 아르바이트가 대치동 과외로 이어지고, 과외 학생들이 늘어나 공부방 창업까지 하게 되었다.

공부방은 창업을 고민하는 사람이 있다면 추천할 만큼 일과 삶의 균형이 잘 맞는 일이라고 생각한다. 물론 모든 직무가 그렇듯 단점도 있다. 직장인과 달리 오후에 일을 시작해서 밤에 마친다는 것, 1년에 4번 있는 학생들의 중간고사와 기말고사 대비, 저녁 거르기, 학부모 스트레스 등이다.

하지만 시스템은 원장이 직접 만드는 것이기 때문에, 단점은 얼마든지 줄이거나 없앨 수 있다. 일찍 시작해서 일찍 마치고 싶거나 내신 대비가 부담된다면, 타겟을 초등학생으로 잡으면 된다. 쉬는 시간이나 저녁 시간이 꼭 필요하다면, 30분~1시간이 비도록 시간표를 짜면 된다.

나는 타겟이 중고등이고, 낮에 여유로운 걸 선호하기 때문에 저녁 수업이 잘 맞는다. 연달아 수업하고 일찍 쉬는 게 좋아서 중간에 쉬는 시간도 없다. 저녁은 첫 수업 30분 전에 미리 먹는다. 방학에는 15분 쉬는 시간을 가질 때도 있다. 저마다 우선순위가 다르기 때문에, 원장 본인에게 맞는 시스템을 구축하면 된다.

여행을 위해 영어를 공부했던 나도 창업했고, 시원스쿨 이시원 대표도 경영학 전공이다. 그러니 비전공자라서 도전을 망설일 필요는 없다. 만약 가르치는 일이 즐겁고 자신있다면, 흥미가 이끄는 쪽으로 한 걸음씩 걸어가 보라고 말하고 싶다.

다만 무작정 시작하기 전에, 머릿속으로 공부방의 성격, 문화, 체계를 명확히 구상해야 한다. 그 후 실패하지 않을 거라는 확신이 들 때 실행에 옮겨야 한다.

꼼꼼하고 구체적인 시스템이 만들어져야 학생들이 쉽게 적응하고, 실력도 빠르게 좋아진다. 그리고 학생의 실력 향상은 나의 경험으로 쌓인다. 경험이 쌓이면서 좋아하는 일을 점점 잘하게 되면 삶이 더 행복해진다. 이런 경험을 해보았으면 좋겠다.

창업에 필요한 두 가지, 300만 원과 씨앗 학생

공부방을 창업하기로 마음먹었다면, 고려할 것들이 있다. 그중에서도 창업 전 꼭 갖추고 있어야 하는 두 가지가 바로 초기 비용과 씨앗 학생이다. 초기 투자 비용은 20평 미만일 경우 300만 원이면 된다. 씨앗은 개원부터 데리고 시작할 수 있는 친구들을 말한다.

정말 300만 원으로 공부방을 창업할 수 있을까? 가능하다. 나는 방 하나 있는 공부방을 보증금 1,500만 원, 월세 55만 원의 조건으로 계약했다. 관리비는 17만 원 선이었다. 보증금은 돌려받을 수 있는 돈이니 월세와 관리비만 감당할 수 있으면 시작해 볼 만했다.

300만 원으로 창업하려면 새 제품과 중고를 섞어야 한다. 수업과 관련한 것들은 새 제품으로 구매했다. 책상과 의자가 약 50만 원, 자습할 친구들을 위한 독서실 책상과 의자가 약 55만 원 정도였다. 시간당 정원은 4명이기 때문에 4~6개 구매했다. 전체 학생이 많더라도 한 번에 다 오지 않기 때문에 많이 살 필요가 없다.

사용 빈도가 높은 프린터는 32만 원에, 카드리더기는 7만 원에 구매했다. 이외에도 스탠드, 청소기, 가습기, 선풍기, 시계, 블라인드, 물컵 등도 오늘의 집에서 새로 샀는데, 총 35만 원 정도가 들었다. 새 제품을 구매하는 데는 약 180만 원이 필요했다.

학생과 관련 없는 가전과 가구는 중고 나라와 당근마켓에서 구매했다. 미니 냉장고는 15만 원, 전자레인지는 8만 원, 책장은 2만 원에 구매했다. 원목 책상은 만 오천 원에 샀는데, 대리석 시트지를 붙여 깔끔하게 바꿨다. 프린터기와 A4용지, 각종 파일을 올려둘 용도였기 때문에 튼튼하고 깔끔하면 충분했다. 이렇게 중고 구매에 들어간 총비용은 30만 원을 넘지 않았다.

개원을 축하하는 지인들에게 선물을 받기도 했다. 덕분에 공기청정기 10만 원, 커피머신 10만 원, 수납장 5만 원, 커피포트 4만 원, 칠판 10만 원, 내 의자 15만 원, 벽걸이 에어컨 30만 원 등 총 64만 원의 비용을 절약할 수 있었다. 정리하자면, 새 제품 180만 원, 중고 제품 30만 원, 첫 달 월세

55만 원, 첫 달 관리비 17만 원을 합친 총 282만 원으로 창업했다. 휴지통, 우산꽂이, 사무용품 등을 포함해도 300만 원은 넘기지 않을 것이다.

선물 받을 일이 없다면 예산은 300만 원을 조금 넘길 수 있다. 이럴 경우 커피 머신, 수납장, 커피포트는 살 필요가 없다. 칠판과 에어컨만 있으면 되기 때문에, 추가 비용은 55만 원이 된다. 그럼, 총비용은 337만 원이다. 사무용품을 구입해도 350만 원을 넘기지 않고 해결할 수 있다.

5년이 지난 지금은 스탠드형 에어컨도 생겼고, 작은 방에 책상과 책꽂이도 새로 구매했다. 의자도 더 좋은 제품으로 교체했다. 하지만 창업 초기에는 월 3만 원의 정수기 비용조차 아끼기 위해 목표 원생 수를 정해두고, 그 인원이 넘은 후 설치했다. 그전까지는 편의점에서 돌 얼음을 사다 먹으며 운영비를 최소화하려고 노력했다.

새 제품으로 멋지게 시작하고 싶은 마음이 들 수도 있다. 나 역시 그런 마음이 없던 건 아니었다. 그런데 왜 이렇게까지 했을까? 손익분기점을 빨리 넘기고 싶었기 때문이다. 투자금이 많으면, 본전을 회수하는 데 시간이 오래 걸린다. 본전에 대한 생각이 강해질수록 상담 오는 학생을 모두 받게 될 것 같았다. 하지만 나는 모든 학생을 받으면 안 된다고 생각했다.

오픈 전부터 머릿속에 공부방의 시스템과 타겟 학생이 명확했기 때문이다. 중, 고등학생의 내신과 수능을 책임지고 싶었다. 그런데 실제로 개원 1~2개월 차에 토론식 수업, 원서 수업, 회화 등의 학습을 희망하는 문의가 있었다. 이때 내가 수익을 위해 그 학생들을 받았다면, 시스템은 잡히기도 전에 무너졌을 것이다.

당장 나갈 돈이 없으면, 공부방에 맞는 학생을 받을 여유가 생긴다. 나는 몇 개월 안에 몇 명을 모으겠다는 목표가 없었다. 대신 어떤 공부방을 만들고 싶은지를 중요하게 생각했는데, 장기적으로 이 시스템을 잡은 것이 도움이 됐다. 가능한 적은 자본으로 시작하자. 원생이 늘 때 하나씩 좋은 것으로 바꿔 가는 재미를 느껴보는 걸 추천한다.

두 번째로, 씨앗 학생은 어떻게 모아야 할까? 정말 간단하다. 창업하려는 지역에서 과외를 먼저 시작하자. 과외 학생은 당근이나 네이버 카페를 통해 구할 수 있다. 학교 앞 볼펜 나눠주기, 아파트 게시판 홍보 등의 방법부터 생각하는 건 리스크가 있다. 시간과 비용 대비 효과를 예측할 수 없기 때문이다.

반면에 과외는 한 학생을 잘 가르치면, 소개가 들어온다. 수업하는 건 비용 지출이 아니라 수익 발생이다. 돈을 벌면서 내 홍보를 하는 셈이다.

만약 거주지 이동이 가능하다면, 후보 지역을 두 곳으로 추린 뒤 각각의 지역에서 과외를 시작해도 좋다. 최소 1년은 수업하면서 더 마음에 드는 곳에 자리 잡으면 된다. 나 역시 창업 전 과외로 씨앗 학생들을 확보했는데, 일부러 요일별로 다른 곳에서 수업했다. 월, 수, 금은 A 지역, 나머지 요일은 B 지역에서 3년간 가르쳤다. 동네 특성을 비교하며 내가 더 자리 잡기 좋은 지역을 결정하고 싶었다.

둘 다 교육열 높은 학군지였다. A 지역에서는 형제자매 말고는 수업이 늘지 않았다. 학부모님께서 직장에 다니시고 다른 학부모와 교류가 없으셔서, 나를 소개해 줄 여건이 안 됐다.

반면 B 지역에서는 형제자매는 물론 친구 소개 문의도 들어오기 시작했다. 이때 공부방 오픈 계획을 말씀드리며 대기 명단을 받고 B 지역 아파트에서 공부방을 시작했다. 덕분에 개원 전부터 대여섯 명의 학생을 확보할 수 있었다.

씨앗을 확보하는 또 다른 방법은 주변의 도움이다. 공부방을 계약한 부동산 사장님께서 학생 소개를 해주셨고, 옆 동 수학 선생님과도 인사시켜 주셨다. 수학 선생님을 만나 내가 생각하는 학습 방향, 수업 방식을 말씀드리고 조언을 얻었다. 야무지게 잘할 것 같다고 하시며 학생들에게 나를 많이 소개해 주셨다. 20대 사회 초년생의 도전을 두 분께서 많이 응원해 주셨다.

'나한텐 이런 부동산 사장님이 없어.'라는 생각이 든다면, 직접 찾으면 된다. 공부방은 현수막도, 간판도 없이 숨어있어 찾기가 쉽지 않다. 그럼 어떻게 해야 할까? 블로그나 당근마켓에 동네 공부방을 검색하면, 과목과 선생님 연락처가 나온다. 쭉 살펴본 뒤 관심 가는 선생님께 연락하면 된다.

타 과목 선생님이 가장 편하다. 하지만 같은 과목이어도 수업 스타일이나 학생 연령층이 다르면 큰 상관 없다. 개원을 앞두고 있다는 점을 밝히고, 동네 분위기나 운영 시 참고할 부분을 여쭤봐도 될지 정중하게 연락한다. 시간을 내주신다고 하면 작은 선물을 준비하는 걸 추천한다.

공부방은 혼자 하는 일이기 때문에 문득 외로운 순간이 찾아온다. 이럴 때 같은 지역에 마음 맞는 사람이 있다는 건 감사한 일이다. 일이 힘들 때 가장 위로해 줄 수 있는 사람은 친한 친구나 가족이 아니다. 바로 같은 일을 하는 사람이다. 상황을 잘 아는 사람과 나누는 대화는 몇 마디 만으로도 쌓일 뻔한 스트레스를 사라지게 만들 수도 있다.

나는 이렇게 과외로 시작했고, 주변 어른들의 도움으로 학생을 모았다. 대단한 비법이 아닐지도 모른다. 하지만 나는 이 방법으로 시작부터 대략 열 명의 학생을 모을 수 있었다. 홍보를 위해 시간, 노력, 비용을 많이 쓰지도 않았다. 결과를 놓고 보면, 효과 있는 전략임이 분명하다.

만약 도움을 받았다면, 감사한 마음을 잊지 말자. 나는 지금까지도 명절마다 꼭 찾아뵙고 인사드리고 있다.

지역은 어디가 좋을까? 수업료는 얼마를 받지?

모든 창업에서 입지와 가격은 중요도 0순위라고 해도 과언이 아니다. 음식점, 헬스장, 카페, 미용실 등 모든 분야는 어디에 자리 잡을지, 그리고 얼마에 판매할지가 가장 중요하다. 공부방도 마찬가지다. 입지와 원비는 신중하게 고민하고 결정해야 한다.

먼저 입지란 어느 지역에 자리를 잡을지이다. 지역마다 공부방에 대한 인식이 다르다. 어떤 지역은 공부방을 '프랜차이즈로 하는 부담 없는 곳'이라고 생각하는 반면, 다른 지역은 '맞춤 수업이 가능한 소수 정예 과외'로 생각하기도 한다. 이 인식은 원비에도 크게 영향을 미치기 때문에, 지역 선정 시 동네 성향을 꼭 파악해야 한다.

가능하면 학군지에 자리 잡는 걸 추천한다. 거주지 이동이 당장 어려울 수도 있다. 그럴 경우 근처에서 가장 학원가 형성이 잘 된 동네를 찾자. 그리고 그 동네 학생들을 과외로 먼저 가르쳐보자. 학군지 수업이 더 보람되고 성취감도 크다는 걸 알게 될 것이다.

학군지와 비학군지는 사교육에 대한 개념이 다르다. 학군지 집값은 단순히 학원이 많고, 공부 잘하는 친구들이 모여서 높은 게 아니다. 이곳은 유해 시설뿐만 아니라 비행 청소년들도 적다. 성적을 떠나서 규칙적으로 학원 다니는 성실한 성품의 학생들이 대부분이다. 이런 곳에서 자녀를 키우고 싶은 부모의 마음이 모인 곳이 학군지이다.

어느 지역에서는 하교 후 숙제하는 게 당연한데, 어느 지역에서는 별난 모습이 될 수 있다. 공부할 마음이 있는 학생과 억지로 와있는 학생 중에 누가 더 선생님을 잘 쳐다볼까? 모든 선생님과 강사들은 배울 의지가 있는 학생과 수업할 때 가장 성취감을 느낀다. 준비된 수요가 있는 곳에 내 강의가 쓰이는 편이 행복하다.

또한 학군지의 경우 학부모와의 의사소통도 원활한 편이다. 공부의 필요성을 알고 계시기 때문에 잘 가르쳐주는 것 외에 바라는 게 거의 없다. 비학군지는 공부방을 교육보다는 보육의 개념으로 생각하는 경우가 종종 있다. 저렴하면서 오래 데리고 있어 주는 곳, 그리고 수업 이외의 부분도 신경 써줄 곳을 원한다. 선생님 입장에서 신경 쓸 일이 많아지게 된다.

물론 학군지에 자리 잡자니 걱정이 앞설 수 있다. 이미 잘 되는 곳들도 많고, 한 건물 안에 같은 과목의 학원도 여럿이다. '이런 곳에서 살아남을 수 있을까?' 하는 생각이 들 수 있다.

하지만 공급이 많다는 건 그만큼 수요도 많다는 뜻이다. 오히려 이런 곳에서 학부모는 '선택지가 너무 많아서 더 어렵고 모르겠다'고 고민한다. 내 무기가 있다면, 학군지는 잠재적 수요가 가득한 훌륭한 장소이다.

두 번째로, 입지 다음은 원비이다. 원비를 내리는 건 쉬워도, 올리는 건 어렵다. 나 역시 물가 상승에도 불구하고 5년 전부터 지금까지 수업료를 인상한 적이 없다. 학생 유입을 위해 원비를 저렴하게 책정하면 후회할 가능성이 높다. 시간이 지나면 노력 대비 적은 보상에 지칠 수 있고, 추후 인상 시 오히려 이탈이 생길 수 있다.

사실 원비와 가장 밀접하게 관련된 요인은 앞서 말한 입지이다. 지역마다 교육청에서 정한 교육비 상한선과 분당 단가가 다르다. 즉, 똑같은 수업이어도 어느 동네에서 하냐에 따라 수입이 달라진다는 뜻이다.

학군지 또는 학원가 인근으로 입지를 선정하고 주변 시세를 파악했다면, 내 공부방의 컨셉을 잡는 게 훨씬 중요하다. 소수 정예로 시세보다 높은 원비로 갈 것인지, 저렴한 원비로 많은 학생을 데리고 갈 것인지를 생각해 봐야 한다.

전자는 인원이 적어 운영이 편리하다는 장점이 있다. 하지만 학생 몇 명만 이탈해도 수입이 크게 줄어든다. 반면에 후자는 소수의 이탈이 수입에 크게 영향을 주지 않는다. 그러나 많은 인원만큼 개별 자료, 피드백, 코멘트 등으로 근무 시간이 늘어날 수 있다.

둘 중 어떤 전략으로 운영할지는 확장 여부에 따라 다르다. 쭉 공부방만 운영할 생각이라면 전자를 추천한다. 원비 20만 원에 학생 30명일 때의 수익은 600만 원이다. 하지만 원비 30만 원에 학생 20명일 때의 수입 역시 600만 원이다. 학생이 적을수록 특성 파악도 쉽고, 한 명에게 돌아가는 관심과 애정 또한 클 수밖에 없다. 소수 정예의 장점을 선호하는 학부모는 그에 맞는 수업료를 지불할 의향이 있다.

적은 인원은 선생님에게도 좋다. 수업 준비나 개별 피드백에 드는 시간이 상대적으로 적다. 시간이 충분하니, 학생들을 위한 고민을 더 하게 된다. 개별 단어장이나 자습교재를 지정해서 관리할 수도 있다. 이는 학생의 실력 향상으로 더 빠르게 연결된다. 학생도, 학부모도, 선생님도 만족하는 선순환이 이루어지는 것이다.

하지만 공부방에서 학원으로 확장을 고려한다면 후자가 낫다. 규모의 확장은 다양성의 확장과도 같기 때문에, 여러 학생을 만나볼수록 대처 능력이 유연해진다. 학생뿐 아니라 학부모와의 상담이나 관리 측면에서도 축적된 데이터가 많은 게 유리하다. 학생이 많을수록 주변 학교 특성도 더 빨리 파악할 수 있다. 따라서 원비보다는 인원수에 집중해서 한 명이라도 더 가르치는 게 장기적으로 도움이 된다.

정원이 많으면 강의력도 향상된다. 학원 대형 강의는 칠판 판서, 제스처, 목소리 측면에서 소규모 공부방과 다르다. 추후 학원까지 생각하고 있다면 공부방을 작은 학원이라고 생각하면 된다. 작은 공간이더라도 정원을 늘려 학생들로 채우면, 학원 느낌이 난다. 전달력도 좋아지고, 노하우도 쌓이면서 대형 강의에 대한 감을 잡을 수 있다.

나는 확장할 계획이 없다. 지금처럼 안정적으로 공부방을 운영하는 게 목표이다. 그래서 정원을 네 명으로 정해두고, 원비는 평균 학원비보다 약간 높게 책정했다. 내가 있는 중계동 은행사거리에는 여러 아파트에 공부방이 활성화되어 있다. 나처럼 소수 정예 수업을 하는 원장님들도 많고, 작은 학원처럼 운영하시는 원장님들도 많다. 추구하는 방향을 먼저 생각하고 정원을 설정한 뒤, 원비를 책정하면 된다.

지금까지 학부모님으로부터 원비가 비싸다는 말을 들어본 적은 한 번도 없다. 물론 모든 사람은 내가 구매하는 제품이나 서비스가 저렴하길 바란다. 하지만, 믿고 맡길 수 있는 곳에 대한 수요는 항상 존재한다. 그러니 '학생이 안 올 수도 있으니까'하고 걱정하며 처음부터 원비를 낮출 필요가 없다. 꼼꼼하고 실력 있는 수업으로 그 가치를 하면 된다.

정리하자면, 시작 전 준비를 위해서는 네 가지가 필요하다. 초기비용 300만 원, 씨앗 학생, 입지 선정, 그리고 원비 설정이다. 이 네 가지에 대한 고민이 선행된 이후에 창업을 시작해야 한다.

노원구 중계동은 전국에서 학원이 가장 많은 지역 5위이다. 이렇게 공급이 많은 곳에서 실패하지 않을 수 있었던 이유는 조금이라도 더 안정적인 방법이 있는지 계속 고민했기 때문이다. 창업은 쉽지 않다. 그렇기 때문에 시작부터 리스크를 최소화할 방법을 찾아야 한다. 내 일을 하고 싶다면, 위에서 말한 네 가지를 바탕으로 밑그림을 명확하게 그려야 한다.

주 4일, 월 1000만 원 버는 시스템 만들기

밑그림을 잘 그렸다면 이제 탄탄한 시스템을 만들 차례이다. 공부방은 중고등을 대상으로 월~목 주 4일 운영한다. 월, 수 또는 화, 목으로 반을 구성한다. 학생들은 주 2회 공부방에 오는 것이다. 고등부는 주말 수업이 필수라고 생각하는 경우가 많은데, 그렇지 않다. 코로나 이후 야자가 자율로 바뀌어서 평일에도 고등 수업을 할 수 있다. 그리고 고등학생들은 주말에 사회, 과학 등 탐구 과목 학원에 다니기 때문에 올 시간이 없다.

수업 이외에 나머지 3일은 어떻게 지낼까? 수업 준비를 할 때도 있지만, 대부분은 푹 쉰다. 나는 쉬는 날 중에 금요일을 가장 좋아한다. 평일이라 비교적 사람이 적어서 어디든 여유롭게 다녀올 수 있다. 주말에는 친구를 만나거나 가족들과 시간을 보낸다.

주 4일 수업 하고 여름, 겨울에는 방학이 있다. 공부방이 4일간 방학을 하면, 나에게는 금요일부터 다음 주 일요일까지 10일간의 휴가가 생긴다. 여름과 겨울에 두 번만 쉬는 건 아니다. 학생들은 1년에 총 네 번의 중간고사, 기말고사 시험이 있다. 시험 보는 주에는 학생들이 공부방에 오지 않는다. 시험 전에는 힘들지만, 시험이 끝나면 4~5일 쉴 수 있다.

그런데 수업하다 보면 가끔 시간표 조정 문의가 들어온다. 하지만 내가 정해둔 시스템을 학생의 편의를 위해 한 번 맞춰주면, 또 다른 학생의 편의도 봐주게 된다. 정신 차리면 주 6일 수업하고 있는 나를 발견할 수 있다.

'주 4일 수업' 원칙을 지켜야 시험 기간 보강, 결석 보강, 신규 상담 등을 금요일에 끝낼 수 있다. 평균적으로 금요일 출근은 두세 달에 한 번이다. 시험 기간에 주 5일, 주 6일 수업을 해도 지치지 않으려면 평소에 잘 쉬어야 한다. 수업은 전달력이 생명인데, 전달력은 체력과 컨디션에서 나온다.

나는 체력이 좋은 편이 아니라서, 일을 늘리면 몸이 금방 고장 난다. 20대에 6~7년간 만성 등 통증을 겪은 적이 있다. 서너 시간 이상 앉아있는 게 불가능한 적도 있다. 이 때문에 석사 과정에 진학했지만, 결국 휴학계를 내고 학업을 중단하기도 했다.

에너지가 넘치는 원장님들은 주 6일 수업도 거뜬하게 하신다. 토, 일요일에 8시간, 10시간 수업을 소화하시는 선생님들도 많다. 정답은 없다. 자기 컨디션을 파악해 몸과 마음 둘 다 건강할 수 있는 선에서 중심을 잡아야 한다. 야근을 거절할 수 없는 직장과 달리 원장은 스케줄을 조정할 수 있다. 선생님이 잘 쉬고 컨디션이 좋아야 학생에게도 좋은 수업이 제공된다는 걸 잊지 말아야 한다.

주 4일 수업하면 수익은 어떻게 될까? 하루에 수업을 몇 개 할지, 정원은 몇 명으로 할지를 계산하면 된다. 학기 중에는 오후 4시에서 10시, 방학 중에는 오전 10시에서 4시 사이에 수업을 잡는다. 2시간씩 수업하면 반 3개, 90분씩 수업하면 반 4개를 개설할 수 있다.

예를 들어, 월수 반은 총 3개이고, 수업 시간은 2시간이며, 정원이 4명이라고 가정해 보자. 그럼, 월수 반 학생은 총 12명이다. 화목 반도 똑같이 운영할 경우, 전체 학생은 24명이다. 여기에 입지와 컨셉을 고려해 책정한 원비를 곱하면 된다. 원비가 20만 원이라면 수익은 480만 원, 원비가 30만 원이라면 720만 원, 원비가 40만 원이라면 960만 원이 된다.

위의 계산은 이해를 돕기 위한 예시로 생각하면 된다. 90분씩 하루 4개의 수업을 한다면 수익은 더 늘어날 것이다. 정원이 적거나 다 차지 않으면 수익이 줄어들 수 있다. 하지만 좋은 위치에서 소수 정예 수업을 잘한다면, 월 800만 원 이상이 가능한 건 분명하다.

주의할 점이 있다. 정원을 채우기 위해 급하게 학생을 받지 말아야 한다. 당장 한 명의 등록이 중요한 게 아니라 전체적인 공부방의 분위기 유지가 우선이다. 학생들과 학부모들이 맞는 학원을 고르는 것처럼 나도 아무나 받지 않는다. 성실하게 학습할 친구들만 받는다. 상담을 오면 집에 가서 충분히 고민해 보고, 공부할 결심이 서면 연락을 달라고 하고 보낸다.

　잘하는 친구만 받는다는 뜻이 아니다. 열심히 할 의지가 있으면 성적이 30점인 학생도 수업을 진행한다. 실제로 이 친구는 한 달 만에 점수가 두 배 이상 올랐다. 아직 의지가 없는 친구를 앉혀두기엔 세 가지가 아깝다. 첫째, 그 학생의 시간이 아깝다. 둘째, 학부모님의 돈이 아깝고, 셋째, 내 에너지가 아깝다.

　안정적인 운영을 위한 모든 준비가 끝났다. 알뜰한 투자금으로 씨앗 학생들을 데리고 좋은 위치에 자리 잡는다. 원비까지 설정하니 주 4일 시스템에 따른 예상 월 수익이 나왔다.

　당장의 씨앗 학생들은 확보했으니, 급하지 않다. 공부방 문화에 맞는 친구들이 차근차근 들어오길 기다리면서, 씨앗 친구들이 나가지 않도록 수업을 잘하면 된다.

학생이 안 나가는 수업 노하우

　시작이 반이라는 말이 있지만, 결국 나머지 반은 과정으로 채워야 한다. 아무리 시작을 잘했어도, 나만의 강점이 없으면 학생 유지는 어려워진다. 올해로 공부방 창업 5년 차인데, 공부방에 한 번 들어 온 학생은 거의 나가지 않는다.

　작년과 올해 2년간 자발적 퇴원은 3명뿐이었고, 이 친구들도 각각 6개월, 2년, 2년 6개월가량 함께 수업했다. 전체 원생 중에서 3년 이상 다닌 친구들의 비율이 50% 이상이다. 이게 운영에 있어서 가장 큰 장점이다. 비결이 뭘까?

첫째로, 반이 개설되면 가장 먼저 학생 각자에게 자습 교재를 지정해 준다. 같은 반 학생들의 수준을 비슷하게 맞추기 위해 약점부터 보완하는 것이다. 각자 다른 학원에 다니다 왔기 때문에 처음에는 실력이 조금씩 다르고, 빈틈도 제각각이다.

그래서 자습교재로 '수준 키 맞추기'를 하는 것이다. 교재는 학생마다 다르다. 문법, 독해, 단어 중에 현재 학생에게 가장 필요한 부분부터 메꿀 수 있는 시중 교재를 지정해 준다. 2~3개월이 지나면, 같은 반 친구들의 수준이 비슷해진다.

수준이 비슷해지면 왜 좋을까? 이제 정원은 4명이지만 1:1처럼 딱 맞는 수업이 가능해진다. 학생 각자의 구멍이 보완되어 편차가 줄었기 때문이다. 보통 다니던 곳을 옮기는 이유는 수업이 이해가 안 가거나 너무 쉬워서인데, 학생에게 딱 맞는 수업을 하고 있으니, 공부방을 나갈 이유가 없다.

학생들이 대형 학원이 아닌 공부방을 찾는 이유는 개별화 맞춤 수업의 장점을 누리고 싶어서다. 이 부분을 확실하게 메꿔주기 때문에 이탈이 없는 편이다. 그리고 선생님 입장에서도 반을 끌고 가는 게 무척 수월해진다. 학생들과 선생님의 호흡이 착착 맞아떨어진다. 수업은 척하면 척이고, 저마다의 속도 차이가 있을 뿐 실력은 모두 상승곡선을 그린다.

두 번째로, 사고력을 길러준다. 수업하는 동안 학생들은 문제 접근 과정을 말로 설명해야 한다. 맞은 문제는 근거를 찾고, 틀린 문제는 왜 그렇게 생각했는지 발표한다.

대답은 공평하게 한 명씩 돌아가면서 하는데, 소규모이기 때문에 내성적인 친구라도 다 적응할 수 있다. 우리 공부방에 MBTI 내향형인 친구들이 절반 이상인데, 모두 문제없이 잘해주고 있다.

말하는 동안 학생들은 사고를 하게 된다. 오답에 접근한 이유를 설명하기 위해 지문을 읽으면서, 잘못된 부분을 바로 깨닫기도 한다. 스스로 생각하는 힘은 수학에서만 필요한 게 아니라 영어에서도 필수적이다. 그러니 학생들은 선생님이 답을 알려주기 전에 최대한 혼자 고민해야 하고, 선생님은 마지막 한끝만 채워주면 된다.

그 후 "난 한 게 없어. 네가 다 했네?"라고 말해주면, 자아 효능감이 높아진다. 분명 틀린 문제였지만 성취감을 느끼게 된다. 영어가 점점 할만한 과목이 되는 것이다.

한 가지만 더 말해보자면, 학생들에게 '몰입과 쉼'의 규칙을 훈련한다. 쉽게 말해 '할 때 하고, 놀 때 놀자'다. 모든 동력은 무한하지 않다. 하루 종일 켜져 있어 뜨거워진 핸드폰은 잠시 내려두어야 한다. 마찬가지로, 우리 모두에게도 동력이 있다. 회사에 반차나 연가가 있듯이, 학생들도 쉬어가는 시기가 있어야 한다.

공부방에는 개학 전 일주일 동안 여름방학과 겨울방학이 있다. 하지만 조건이 있다. 방학마다 주어진 미션을 달성해야 방학을 누릴 수 있다. 미션은 학생들이 직접 정한다. '자습 교재 2권 풀기' 또는 '단어 3,000개 외우기' 등등. 실제 학생들이 방학 동안 끝낸 것들이다.

어차피 할 방학인데, 보상처럼 부여하면 아이들의 태도가 달라진다. 수업도, 숙제도 없는 자유로운 일주일을 위해 나머지 기간을 성실하게 보내는 모습이 정말 기특하다. 그리고 방학 직전에 '잔소리 면제권'을 나눠준다. '위 학생은 방학 동안 성실히 목표를 달성했으니, 학부모님께서는 마음껏 쉬도록 허락해 주세요.'라고 쓰여있다.

놀면서도 마음 한쪽이 찝찝한 기분을 느껴본 적 있을 것이다. 나는 내 학생들이 할 거 다 하고 당당하게 쉬는 능동적인 학생이 되기를 바란다. 열심히 살고 찾아온 잠깐의 휴식이 얼마나 뿌듯한지 깨닫는 친구들로 성장하도록 부단히 노력하고 있다.

공부방의 강점은 위의 세 가지 외에도 더 있다. 계속 학생들의 로드맵을 제시하는 것, 개별 피드백을 전달하는 것 등등이다. 하지만 무엇보다 가장 중요한 건 마음이다. 뻔한 소리처럼 들리겠지만 나는 학생들에게 모든 마음이 진심이다.

한 반을 수업하고 있을 땐 그 반 아이들이 가장 좋다. 다음 수업이 시작되면 또 그 반 친구들이 제일 귀엽다. 칭찬을 듣고 배시시 웃거나, 시험을 잘 봤다고 자랑하거나, 무뚝뚝한 친구가 쭈뼛거리면서 초콜릿을 주거나, 자기들끼리 문제를 가지고 토론하는 모습을 보고 있으면 정말로 그날 하루가 행복하다.

학생들에게 화를 낼 때도 진심이다. 숙제를 안 해오거나 대충 풀어오면, 그 친구의 시간과 부모님이 주신 교육비가 아까워서 화가 난다. 그리고 내가 동기부여 시키지 못했다는 사실 때문에 속상하다. 습관이 안 잡힌 신규 학생일수록 무섭게 말하는 편이다. 그런데 진심은 닿게 되어있다고, 학생들도 본인을 위한 말이라는 걸 안다.

얼마 전 대치동에서 과외하던 학부모님께 연락받았다. 3년간 가르치다가, 공부방을 창업하면서 정리하게 된 친구이다. 그 친구가 고등학교 1학년에 올라가는데, 수업을 해줄 수 있는지, 내가 아직 노원에 있는지 여쭤보셨다. '대치동에서 노원까지 갈 수도 있어요.' 하시길래 '얼마든지요'라고 답해드렸다.

또 다른 학생도 연락이 왔다. 초등학교 5학년 때부터 중학교 2학년까지 과외했던 친구이다. 올해 고3 수험생이 되었는데 멀어도 괜찮으니, 공부방에 오고 싶다고 한다. 이 친구들이 '선생님은 무서운데 뒤끝이 없어요', '솔직히 그건 제가 혼날 만했어요'라고 말했던 기억이 난다. 진심이 전달되면, 시간이 지나도 기억하고 믿어주는 것 같다.

예비 원장님, 초보 원장님을 위한 창업 컨설팅

아직 궁금한 것들이 남아있는 예비 원장님이 계실 수 있다. 혹은 개원했지만, 아직 막막한 초보 원장님도 계실 것이다. 이런 분들을 위해 창업 컨설팅도 진행하고 있다. 조금 더 빨리 안정적으로 시작할 수 있도록 도와주는 컨설턴트가 내 '부캐'이다.

지금은 체계도 잘 잡혀있고 수업 구성도 탄탄하지만, 공부방 운영이 처음부터 쉬웠던 건 아니다. 무언가가 편해지고 쉬워지려면, 당연히 몰입하는 기간이 필요하다. 나도 처음 1~2년은 차별화 전략을 만들기 위해 정말 많이 고민했다.

내신 대비는 어느 정도 해야 충분한지, 커리큘럼이나 교재는 어떻게 할지, 제본이나 노트 구성은 뭐가 좋을지 등등 지금은 당연하게 아는 것들을 그땐 몰랐다. 심지어 물어볼 사람도 없어서 혼자 생각하고 알아내야 했다.

주 4일 근무였지만, 그 4일만큼은 눈뜨자마자 책상 앞에 앉았다. 밥 먹으러 나가는 게 귀찮아서 다 배달해 먹었고, 메뉴 고르는 시간도 아까워서 한 번에 하루치를 주문했다. 오전 11시부터 5시까지 책상 앞에 앉아서 문제를 풀고 지문을 분석했다. 5시쯤 학생들이 오면 수업을 시작하고, 10시에 마지막 수업이 끝나면 야식을 먹은 뒤 새벽까지 책을 봤다. 그리고 다음 날 일어나면 다시 또 반복. 이렇게 반년을 보냈다.

이 시기에 나뿐만 아니라 학생들도 정말 많이 성장했다. 고3 친구가 기말고사에서 1등급이 아니라 100점을 받아온 적도 있다. 그리고 이 학생은 의대에 진학했다. 선생님이 열심히 하면 애들도 그 영향을 받는다. 지금도 몰입하고 싶을 때는 문제집을 두세 권 사다가 며칠 동안 쫙 풀어보기도 한다. 이렇게 바짝 해놓고 나면 이후는 정말 편하다.

나를 보고 주변 사람들이 공부방 운영에 관해 물어볼 때가 있는데, 나는 진심으로 추천한다. 힘들 때도 있고 지칠 때도 있지만, 적성에 맞는다면 이만한 일도 없다고 생각한다. 지인들에게 이런 조언을 해주면서 자연스럽게 공부방 창업 컨설턴트에도 도전하게 되었다.

"점선 같은 미래를 실선으로 바꿔드립니다."

고등학교 3학년 수시 접수를 앞두고 짝꿍과 고민해서 만든 슬로건이다. 우리는 책상에 담요를 하나 깔고 입시 컨설팅을 했다. 컨설팅 비용 100원을 받고 같은 반 학생들에게 희망하는 학과에 맞는 학교와 수시 전형을 추천해 줬다.

그 경험 덕분일까? 나는 최근에 오픈 10개월 차인 영어 교습소 원장님을 만나 컨설팅을 해드렸다. 같은 과목이라 더 도움 되는 부분이 많았다. 컨설팅 이후, 원장님은 생각만 해오던 단어장 만들기를 실행에 옮기셨다. 내가 거듭 추천해 드렸던 문법 노트도 바로 제작하셨다.

컨설팅 이후, 이번 달에 3명의 신규 학생이 들어왔다고 한다. 제작한 문법 노트를 신규 상담 시 보여드리니 학부모님과 학생의 반응이 정말 좋았다고 말씀하셨다. 이 원장님의 경우, 커리큘럼도 훌륭하고 실력도 좋으신 데에 비해 입지가 조금 아쉬워서, 지금 계약 기간이 끝나면 지역을 이동해 보는 것도 조언을 드렸다.

내가 큰 규모의 학원을 운영 중인 건 아니다. 같은 단지 안에도 나보다 훨씬 잘 버는 공부방 원장님들도 많이 계신다. 하지만 요즘 세상에 초고수만 비법을 전수할 수 있는 건 아니다. 고수는 중수에게, 중수는 초보자에게, 초보는 왕초보에게 자기 비법을 알려줄 수 있다. 적어도 자기 위치까지 한 단계 올라오는 방법은 확실하게 알기 때문이다.

원비 미납 해결법, 등록으로 이어지는 상담 요령, 학부모와의 연락 주기, 레벨 테스트와 반 편성 조건 등등 여러 가지가 궁금할 수 있다. 스트레스를 최소화하고 수업에만 집중하려면 위와 같은 운영 시스템에 고민이 빨리 해결되어야 한다. 수업 이외 시간은 나를 위해 쓰고, 가능한 수업에 집중할 수 있는 공부방을 운영하면 내가 주체가 되는 삶을 살 수 있다.

김희영

한때 디지털 문맹이었던 평범한 주부에서 스마트폰 영상 편집의 매력에 빠져 자기 브랜딩 전문가로 변모한 '디지털 르네상스' 선구자다. 캡컷(Capcut) 앱을 활용한 숏폼 영상 제작 기법을 통해 주부들의 숨겨진 창의성을 일깨우고, 그들이 온라인 세상의 주인공으로 거듭날 수 있도록 안내하는 역할을 자처한다. '누구나 크리에이터가 될 수 있다'는 믿음으로, 평범한 일상 속에서 특별함을 발견하고 이를 영상으로 표현하는 기쁨을 전파하는 데 열정을 쏟고 있다.

- 암웨이 네트워크 마케팅 매니저
- 건강관리 컨설턴드

여성창업시대

리더가 된 여자들
도전에 답하다.

Part 5

중년부부, 캡컷 마스터로 온라인세계 주인공되다

CONTENTS

우울증과 무기력함은 죄가 없다　　　　　　　　　　　　159

디지털 문맹이었던 평범한 주부, 캡컷PC 마스터하다　　　164

숏폼영상으로 나를 세우고 집나간 자존감을 찾다　　　　169

영상제작에서 시작된 바디프로필, 이젠 내가 주인공　　　176

우울증과 무기력함은 죄가 없다.

40대 중반의 평범한 주부였던 내가 어떻게 새로운 삶을 찾게 되었는지 이야기해주려 한다. 이 이야기가 누군가에게는 작은 희망이 되길 바라며 글을 시작한다.

나의 경험이 비슷한 상황에 처한 누군가에게 위로가 되고, 변화의 가능성을 보여줄 수 있기를 간절히 바란다. 우리 모두가 가진 내면의 힘을 믿고, 새로운 시작을 할 수 있다는 것을 전하고 싶다.

먼저 고백할 게 있다. 나는 오랫동안 우울증과 무기력함에 시달렸다. 매일 아침 눈을 뜨면 어김없이 찾아오는 무거운 마음, 하루를 시작하기도 전에 이미 지쳐버린 듯한 느낌, 그리고 끝없이 이어지는 집안일들…

이런 일상이 나를 점점 옥죄어 왔다. 마치 깊은 늪에 빠진 것처럼, 벗어나고 싶어도 벗어날 수 없는 그런 상황이었다. 매일 같은 일상의 반복 속에서 나는 점점 더 깊은 우울의 늪으로 빠져들어갔다. 햇살 가득한 날에도 내 마음속엔 항상 어둠이 가득했고, 주변 사람들의 웃음소리조차 공허하게 들렸다.

처음에는 나 자신을 많이 원망했다. '왜 이렇게 나약한 걸까', '다른 사람들은 다 잘 살아가는데 나만 이렇게 힘든 걸까', '내가 노력이 부족한 걸까'

라는 생각이 끊임없이 들었다. 이런 자책은 나를 더욱 깊은 절망의 구렁텅이로 밀어 넣었다. 스스로를 질책하면 할수록 나는 더욱 무기력해졌고, 그 무기력함은 다시 자책으로 이어지는 악순환의 고리를 만들어냈다. 내 안의 작은 목소리조차 점점 희미해져갔고, 나는 그저 하루하루를 버티는 것에만 집중했다.

거울 속 초라한 내 모습을 보며 한숨만 쉬었다. 가족들에게 미안한 마음도 컸다. 남편과 아이들에게 밝은 모습을 보여주지 못하는 것이 너무나 마음 아팠다. 그들의 눈치를 보며 살아가는 나 자신이 너무나 싫었다.

가족들이 내게 걱정 어린 시선을 보낼 때마다 나는 더욱 위축되었다. 내가 사랑하는 사람들에게조차 짐이 되는 것 같아 죄책감에 시달렸다. 때로는 그들 앞에서 억지로 웃음을 지어보이기도 했지만, 그럴 때마다 내 마음은 더욱 아파왔다.

하지만 이제는 깨달았다. 우울증과 무기력함은 결코 죄가 아니라는 것을. 이는 우리 몸과 마음이 보내는 신호다. 변화가 필요하다는, 휴식이 필요하다는, 혹은 새로운 도전이 필요하다는 신호말이다.

이 깨달음은 쉽게 오지 않았다. 수많은 밤을 뒤척이며, 때로는 눈물을 흘리며 얻은 결론이었다. 이 깨달음을 얻기까지 나는 수많은 시행착오를 겪었다. 때로는 스스로를 더욱 몰아세우기도 했고, 때로는 모든 것을 포기하고 싶어지기도 했다. 하지만 그 과정에서 나는 조금씩 나 자신을 이해하게 되었고, 내 감정을 있는 그대로 받아들이는 법을 배웠다.

여러분, 혹시 나와 비슷한 감정으로 힘들어하고 있나? 그렇다면 자책하지 마라. 그건 여러분의 잘못이 아니다. 오히려 용기를 내어 도움을 요청해라. 전문가와 상담을 받거나, 믿을 만한 사람에게 마음을 털어놓는 것도 좋은 방법이다.

나 역시 그렇게 시작했다. 처음에는 두렵고 부끄러웠지만, 그 한 걸음이 내 인생을 바꾸는 시작점이 되었다. 도움을 요청하는 것이 약함의 표시가 아니라 오히려 큰 용기가 필요한 일이라는 것을 알게 되었다. 그리고 그 용기를 냈을 때, 나는 비로소 변화의 가능성을 보기 시작했다. 주변에는 나를 이해하고 지지해주는 사람들이 생각보다 많다는 것도 알게 되었다.

내 경우에는 우연한 기회에 온라인 커뮤니티를 알게 되었다. 거기서 나와 비슷한 처지의 다른 주부들을 만났다. 그들과 대화를 나누면서 내가 혼자가 아니라는 걸 깨달았다.

우리는 서로의 아픔을 공감하고, 작은 성취에 함께 기뻐하며 조금씩 치유되어 갔다. 그리고 그곳에서 '캡컷'이라는 영상 편집 프로그램을 알게 되었다. 이것이 내 인생의 전환점이 되리라고는 그때는 상상도 못 했다.

처음에는 그저 시간을 보내기 위한 취미 정도로 생각했던 것이 나중에는 내 삶의 새로운 의미가 되었다. 이 경험을 통해 나는 작은 관심사가 어떻게 인생을 바꿀 수 있는지를 깨달았다.

우울증과 무기력함을 극복하는 과정은 결코 쉽지 않았다. 하루아침에 모든 것이 바뀌지는 않았다. 여전히 힘든 날도 있었고, 포기하고 싶은 순간도 많았다. 때로는 이전의 생활로 돌아가고 싶은 유혹도 있었다.

변화의 과정은 마치 롤러코스터를 타는 것과 같았다. 좋은 날도 있었지만, 다시 바닥을 치는 날들도 있었다. 하지만 그때마다 나는 내가 얼마나 성장했는지를 돌아보며 힘을 얻었다. 매일매일의 작은 노력들이 쌓여 결국은 큰 변화를 만들어낸다는 것을 믿게 되었다.

하지만 조금씩, 아주 조금씩 변화가 찾아왔다. 마치 봄이 오듯이, 서서히 그러나 확실하게 내 삶에 변화의 기운이 감돌기 시작했다. 처음에는 그저 침대에서 일어나는 것조차 힘들었던 나였지만, 조금씩 일상의 작은 것들에서 기쁨을 찾기 시작했다.

창밖으로 보이는 나무의 푸른 잎새, 아이들의 웃음소리, 커피 한 잔의 향기 등 평범한 일상의 소소한 행복들이 내 삶을 채우기 시작했다. 이런 작은 변화들이 모여 결국은 내 삶 전체를 바꾸어놓았다.

매일 아침 일어나서 작은 목표 하나를 정했다. 처음에는 '오늘은 15분 동안 집 밖을 걸어보자'와 같은 아주 작은 것들이었다. 그리고 그 목표를 달성하면 나 자신에게 작은 선물을 줬다. 좋아하는 차 한 잔을 마시거나, 10분 동안 좋아하는 음악을 듣는 것처럼 말이다.

이런 작은 습관들이 쌓여 점차 내 일상을 바꾸어 갔다. 이 과정에서 나는 작은 성취의 기쁨을 알게 되었다. 목표를 달성할 때마다 느끼는 만족감은 나를 더욱 강하게 만들었다. 그리고 이런 작은 성공들이 모여 결국은 더 큰 도전을 할 수 있는 용기를 주었다.

점차 이런 작은 성취감들이 쌓이면서 자신감도 조금씩 생겼다. 그리고 그 자신감을 바탕으로 더 큰 도전을 하게 되었다. 바로 '캡컷'을 배우기 시작한 거다.

처음에는 컴퓨터 앞에 앉는 것조차 어색했다. 하지만 하나씩 배워가면서, 내가 만든 영상이 화면에 나타날 때의 그 희열은 말로 표현할 수 없을 정도였다. 새로운 기술을 배우는 과정은 때로는 좌절스럽기도 했지만, 동시에 매우 흥미롭고 보람찼다. 내가 만든 작품을 다른 사람들과 공유하면서, 나는 점점 더 자신감을 얻게 되었고 세상과 소통하는 새로운 방법을 찾게 되었다.

지금 돌이켜보면, 그때의 우울증과 무기력함이 오히려 나에게 새로운 삶의 기회를 준 것 같다. 만약 그런 감정들이 없었다면, 나는 아마 지금도 변화 없는 일상을 반복하고 있었을 거다. 그 고통스러운 시간들이 결국은 나를 성장시키고, 새로운 나를 발견하게 해준 소중한 시간이었다는 걸 이제야 알겠다.

우울증은 나를 완전히 다른 사람으로 만들었다. 더 강하고, 더 공감할 줄 알고, 더 깊이 삶을 이해하는 사람으로 말이다. 이제 나는 그 시간들을 후회하지 않는다. 오히려 그 경험이 나를 지금의 나로 만들어주었다는 것에 감사하고 있다.

그래서 나는 이제 이렇게 말할 수 있다. 우울증과 무기력함은 죄가 아니라고. 그것은 우리 삶의 일부이며, 때로는 우리를 더 나은 방향으로 이끄는 신호가 될 수 있다고. 여러분도 지금 힘든 시기를 겪고 있다면, 그것이 끝이 아니라 새로운 시작이 될 수 있다는 걸 기억해라.

어둠이 깊을수록 빛은 더욱 밝게 빛난다는 말처럼, 지금의 고통이 미래의 더 큰 행복을 위한 준비 과정일 수 있다. 우리의 삶은 항상 직선으로 나아가지 않는다. 때로는 뒤로 가는 것 같아 보여도, 그것이 결국은 더 큰 도약을 위한 준비 과정일 수 있다. 지금 겪고 있는 어려움이 여러분을 더 강하고 현명한 사람으로 만들어줄 것이라고 믿는다.

여러분의 감정을 인정하고, 스스로를 사랑해라. 그리고 작은 것부터 시작해봐라. 변화는 생각보다 가까이에 있을지도 모른다. 때로는 그저 손을 뻗어 잡기만 하면 되는 곳에 있을 수도 있다. 나의 이야기가 여러분에게 작은 위로와 용기가 되었기를 바란다. 우리 모두가 각자의 인생에서 주인공이 되어, 행복한 이야기를 만들어갈 수 있기를 진심으로 응원한다.

디지털 문맹이었던 평범한 주부, 캡컷PC 마스터하다.

내가 처음 '캡컷'이라는 말을 들었을 때, 솔직히 말해서 그게 무엇인지 전혀 알지 못했다. 컴퓨터를 켜고 인터넷을 하는 것 정도가 내가 할 수 있는 전부였다. SNS 계정은 있었지만 그저 다른 사람들의 게시물을 구경하는 정도였다. 내가 뭔가를 만들어 올린다는 건 상상도 못했다.

디지털 세상은 나에게 너무나 낯설고 복잡해 보였다. 마우스를 클릭하는 것조차 어색하게 느껴졌고, 새로운 프로그램을 다운로드받는 것은 마치 외계어를 배우는 것처럼 어려웠다. 나는 이런 디지털 기술들이 젊은 세대들의 전유물이라고만 생각했고, 내 나이에 이런 걸 배우는 것은 불가능하다고 여겼다.

그런데 온라인 커뮤니티에서 우연히 캡컷으로 만든 영상들을 보게 되었다. 그 영상들은 너무나 멋졌다. 음악에 맞춰 화면이 바뀌고, 재미있는 효과들이 들어가 있었다. '저런 걸 어떻게 만들 수 있을까?' 하는 호기심이 생겼다.

단순한 사진이나 동영상이 아니라, 마치 전문가가 만든 것 같은 세련된 영상들이 내 눈을 사로잡았다. 음악과 영상이 완벽하게 조화를 이루며, 감동과 재미를 동시에 전달하는 모습에 나는 완전히 매료되었다. 그 순간, 나도 저런 영상을 만들 수 있을까 하는 작은 꿈이 내 마음속에 싹트기 시작했다.

그래서 용기를 내어 커뮤니티 멤버들에게 물어봤다. 그들은 친절하게 캡컷에 대해 설명해주었고, 기초적인 사용법도 알려주었다. 하지만 처음에는 정말 어려웠다. 그래도 포기하지 않았다. 모르는 것이 있으면 인터넷에 검색해보고, 유튜브 튜토리얼 영상도 찾아봤다.

처음에는 용어들이 너무 낯설어서 이해하기 힘들었다. '트랜지션', '크로마키', '모션 트래킹' 같은 단어들은 마치 외계어처럼 들렸다. 하지만 나는 포기하지 않고 하나씩 배워나갔다. 때로는 밤늦게까지 컴퓨터 앞에 앉아 같은 동작을 반복하며 연습했다. 실수를 거듭하면서도, 조금씩 진전이 있을 때마다 느끼는 작은 성취감이 나를 계속 앞으로 나아가게 했다.

기억나는 첫 번째 성공 경험이 있다. 단순히 사진 몇 장을 이어 붙이고 배경 음악을 넣은 것뿐이었는데, 그게 영상으로 만들어졌을 때 느낀 성취감은 정말 대단했다. '내가 해냈다!'라는 생각에 온 몸에 전율이 흘렀다. 그 순간의 기쁨은 말로 표현하기 힘들 정도였다.

내가 만든 작품이 화면에 나타났을 때, 나는 마치 아이처럼 기뻐 펄쩍펄쩍 뛰었다. 비록 아주 간단한 영상이었지만, 그것은 나에게 새로운 세계의 문을 열어준 열쇠와 같았다. 이 경험을 통해 나는 나이가 들어서도 새로운 것을 배우고 성취할 수 있다는 자신감을 얻게 되었다.

그 후로 나는 매일 조금씩 캡컷을 연습했다. 아이들이 학교에 가고 남편이 출근한 후, 집안일을 마치고 나면 꼭 1-2시간은 캡컷 공부에 할애했다.

처음에는 단순한 기능들만 사용했지만, 점차 더 복잡한 기능들도 시도해봤다. 매일의 연습이 쌓이면서 나는 점점 더 자신감을 얻었고, 더 복잡한 기능들을 시도해볼 용기도 생겼다.

때로는 실수로 몇 시간 동안 작업한 내용을 날려버리기도 했지만, 그럴 때마다 좌절하기보다는 그것을 새로운 학습의 기회로 삼았다. 이런 과정을 거치면서 나는 단순히 기술을 배우는 것을 넘어, 인내심과 끈기, 그리고 실패를 두려워하지 않는 마음가짐을 갖게 되었다.

트랜지션 효과를 넣는 법, 자막을 예쁘게 만드는 법, 영상의 속도를 조절하는 법 등을 하나씩 배워나갔다. 실수도 많이 했다. 몇 시간 동안 만든 영상이 저장되지 않아 날아간 적도 있고, 의도하지 않은 효과가 들어가 당황한 적도 있었다. 하지만 그런 실수들 속에서 오히려 더 많은 것을 배웠다. 각각의 실수는 나에게 소중한 교훈을 주었다.

예를 들어, 저장의 중요성을 깨달아 주기적으로 작업 내용을 저장하는 습관을 들였고, 의도치 않은 효과로 인해 새로운 창의적인 아이디어를 얻기도 했다. 이런 경험들을 통해 나는 실수를 두려워하지 않고 오히려 그것을 성장의 기회로 삼는 법을 배웠다. 그리고 이런 마음가짐은 영상 제작을 넘어 내 일상생활에서도 긍정적인 변화를 가져왔다.

가족들의 반응도 나에게 큰 힘이 되었다. 처음에는 내가 컴퓨터 앞에 앉아 있는 모습을 의아하게 여기던 남편과 아이들이 점차 관심을 보이기 시작했다. 특히 아이들은 내가 만든 영상을 보고 즐거워했다. "엄마, 이거 어떻게 만든 거예요?"라고 물어보는 아이들의 모습에 더욱 열심히 하게 되었다. 남편도 처음에는 의아해했지만, 점차 내 변화를 긍정적으로 받아들이기 시작했다.

"당신이 이렇게 열정적인 모습은 처음 본다"며 응원해주었다. 가족들의 지지와 격려는 나에게 큰 힘이 되었고, 더 열심히 배우고 성장하고자 하는 동기를 부여해주었다. 또한, 내가 새로운 것을 배우는 모습이 아이들에게도 좋은 영향을 미치는 것 같아 더욱 뿌듯했다.

시간이 지나면서 나는 점점 캡컷의 고급 기능들도 다룰 수 있게 되었다. 크로마키 효과를 이용해 배경을 바꾸는 법, 모션 트래킹을 이용해 움직이는 물체를 따라가게 하는 법 등을 익혔다. 이제는 내가 상상하는 거의 모든 것을 영상으로 표현할 수 있게 되었다.

처음에는 꿈도 꾸지 못했던 고급 기능들을 하나씩 마스터해 나가면서, 나는 내 잠재력에 대한 새로운 인식을 하게 되었다. 나이가 들어서도 이렇게 새로운 기술을 습득할 수 있다는 사실이 나를 놀라게 했고, 동시에 큰 자신감을 주었다. 이제는 단순히 영상을 만드는 것을 넘어, 내가 전하고자 하는 메시지를 효과적으로 표현할 수 있는 능력을 갖게 되었다. 이는 단순한 기술의 습득을 넘어, 새로운 형태의 자기표현과 소통의 방법을 익힌 것이었다.

그리고 놀라운 일이 일어났다. 내가 만든 영상들을 SNS에 올리기 시작했는데, 사람들의 반응이 정말 좋았다. 처음에는 가족과 친구들만 봤지만, 점차 모르는 사람들도 내 영상을 보고 댓글을 달아주었다. 심지어 어떤 분은 영상 제작 방법을 물어보기도 했다.

이런 반응들은 나에게 엄청난 자신감과 성취감을 주었다. 처음에는 그저 취미로 시작했던 것이 이제는 많은 사람들과 소통할 수 있는 도구가 되었다. 내가 만든 영상을 통해 누군가에게 영감을 주거나 도움을 줄 수 있다는 사실에 큰 보람을 느꼈다.

또한, 이런 과정을 통해 나는 온라인 커뮤니티의 힘과 중요성을 깨달았다. 서로 격려하고 지식을 나누는 이 공간에서, 나는 끊임없이 성장할 수 있었고 새로운 인연들도 만들 수 있었다.

이제 나는 자신 있게 말할 수 있다. 내가 캡컷 PC 버전의 마스터가 되었다고. 물론 아직도 배울 것은 많지만, 이제는 내가 상상하는 대부분의 영상을 만들어낼 수 있다. 그리고 이 과정에서 깨달은 것이 있다. 이 여정은 단순히 기술을 배우는 것 이상의 의미가 있었다. 나는 새로운 세계를 발견했고, 그 안에서 나 자신의 새로운 모습을 찾았다.

처음에는 두렵고 어색했던 것들이 이제는 나의 일부가 되었다. 이 경험을 통해 나는 평생 학습의 중요성과 자기 계발의 즐거움을 깨달았다. 또한, 나이나 환경에 관계없이 우리 모두가 새로운 도전을 통해 성장할 수 있다는 것을 알게 되었다.

나이는 중요하지 않다는 거다. 40대 중반의 주부인 내가 이렇게 새로운 기술을 익힐 수 있었다면, 누구나 할 수 있다. 나이는 단지 숫자에 불과하다는 말을 이제야 진정으로 이해하게 되었다. 오히려 나이가 들면서 쌓인 경험과 지혜가 새로운 것을 배우는 데 큰 도움이 되었다.

젊은 시절에는 몰랐던 인내심과 끈기, 그리고 실패를 두려워하지 않는 마음가짐이 이 과정에서 큰 자산이 되었다. 또한, 이 경험을 통해 나는 평생 학습의 중요성을 깨달았다. 우리는 언제나 새로운 것을 배우고 성장할 수 있으며, 그 과정에서 삶의 새로운 의미와 기쁨을 발견할 수 있다는 것을 알게 되었다.

여러분도 도전해보길 바란다. 처음에는 어렵고 힘들겠지만, 포기하지 않고 조금씩 나아가다 보면 어느새 전문가가 되어 있을 것이다. 디지털 세상은 우리에게 무한한 가능성을 제공한다. 그 가능성을 두려워하지 말고, 오히려 즐겨라. 여러분도 분명 해낼 수 있을 거다.

숏폼영상으로 나를 세우고 집나간 자존감을 찾다

캡컷을 마스터하고 나니, 이제 무언가를 만들어 세상에 보여주고 싶다는 욕구가 생겼다. 하지만 막상 첫 영상을 올리려니 두려움이 밀려왔다. '내가 만든 걸 다른 사람들이 어떻게 생각할까?', '비웃지는 않을까?'하는 걱정이 들었다.

이런 불안감은 나를 몇 날 며칠 괴롭혔다. 컴퓨터 앞에 앉아 완성된 영상을 보면서도, 업로드 버튼을 누르지 못하고 망설였다. 때로는 '그냥 취미로만 즐기는 게 좋지 않을까?'라는 생각도 들었다.

하지만 동시에 내 작품을 다른 사람들과 공유하고 싶은 마음도 컸다. 이런 상반된 감정 속에서 나는 계속해서 고민했다.

그래도 용기를 내어 첫 영상을 올렸다. 우리 집 강아지와 놀아주는 모습을 찍어 1분짜리 숏폼으로 만들었다. 음악을 넣고, 귀여운 효과도 몇 개 추가했다. 떨리는 마음으로 '업로드' 버튼을 눌렀다.

그 순간의 긴장감은 말로 표현하기 힘들 정도였다. 마치 내 일부를 세상에 내놓는 것 같은 느낌이었다.

업로드가 완료되고 나서도 한동안 불안한 마음에 휴대폰을 손에서 놓지 못했다. 누군가 내 영상을 봤을까? 어떤 반응일까? 이런 생각들이 머릿속을 맴돌았다. 그렇게 첫날을 보내고, 잠들기 전 마지막으로 확인한 조회수는 고작 3회였다.

처음에는 조회수가 10도 안 됐다. 하지만 시간이 지나면서 조금씩 늘어나기 시작했고, 댓글도 하나둘 달리기 시작했다. "강아지가 너무 귀여워요!", "영상 편집이 멋져요!"라는 댓글들을 보면서 가슴이 뛰었다.

처음 본 긍정적인 댓글에 나는 믿을 수 없을 만큼 기뻤다. 누군가가 내 영상을 보고 좋아해 주었다는 사실이 너무나 감격스러웠다. 그동안의 걱정과 불안이 한순간에 사라지는 것 같았다. 이런 반응들을 보면서 나는 점점 더 자신감을 얻게 되었고, 다음 영상을 만들고 싶은 욕구가 강하게 일어났다.

이 경험을 바탕으로 더 다양한 주제의 영상을 만들기 시작했다. 요리하는 과정, 집안 꾸미기, 일상의 소소한 순간들을 담았다. 때로는 내 고민을 털어놓기도 했다. 놀랍게도 많은 분들이 공감해주시고 응원해주셨다.

매일 새로운 아이디어를 떠올리며 영상을 만드는 과정이 즐거웠다. 요리 영상을 만들 때는 레시피를 연구하고 예쁘게 플레이팅하는 법을 배웠다. 집안 꾸미기 영상을 찍을 때는 인테리어에 대해 공부하고 새로운 아이디어를 시도해봤다. 이런 과정에서 나는 단순히 영상 제작 기술뿐만 아니라 다양한 분야에 대한 지식과 경험을 쌓아갔다.

특히 기억에 남는 댓글이 있다. "저도 40대 주부인데, 김희영 님 영상을 보면서 용기를 얻었어요. 저도 뭔가 새로운 걸 시작해볼까 해요." 이 댓글을 읽었을 때, 눈물이 났다. 내가 누군가에게 긍정적인 영향을 줄 수 있다는 사실이 너무나 감동적이었다.

이 댓글을 읽고 나서 나는 한동안 컴퓨터 앞에 앉아 생각에 잠겼다. 내가 시작한 이 작은 도전이 다른 사람의 인생에도 변화를 줄 수 있다는 사실이 놀라웠다. 이 경험을 통해 나는 내 행동이 미치는 영향력에 대해 깊이 생각하게 되었고, 더 큰 책임감을 느끼게 되었다.

점점 더 많은 사람들이 내 영상을 보기 시작했다. 처음에는 100명, 1000명, 그리고 어느새 만 명이 넘는 사람들이 내 영상을 보고 있더라. 이런 관심은 나에게 큰 자신감을 주었다. 구독자 수가 늘어갈 때마다 나는 무한한 가능성을 느꼈다.

처음에는 상상도 못했던 일들이 현실이 되어가는 것을 보면서, 나는 점점 더 큰 꿈을 꾸기 시작했다. 이제는 단순히 취미를 넘어, 이를 통해 더 많은 사람들과 소통하고 영향을 미칠 수 있는 방법을 고민하게 되었다.

하지만 동시에 부담감도 커졌다. 더 좋은 콘텐츠를 만들어야 한다는 압박감이 생겼다. 때로는 밤늦게까지 영상을 만들다가 지치기도 했다. 하지만 그때마다 나를 응원해주시는 분들의 댓글을 다시 읽으며 힘을 얻었다. 구독자가 늘어날수록 책임감도 함께 커졌다. 더 좋은 내용, 더 높은 퀄리티의 영상을 만들어야 한다는 생각에 스트레스를 받기도 했다.

하지만 이런 부담감 속에서도 나는 포기하지 않았다. 오히려 이를 동기 삼아 더 열심히 공부하고 연구했다. 새로운 편집 기술을 배우고, 콘텐츠 기획에 대해 공부했다. 이 과정에서 나는 끊임없이 성장하고 있다는 것을 느꼈다.

숏폼 영상을 만들면서 나 자신에 대해 많이 알게 되었다. 내가 어떤 것을 좋아하는지, 어떤 이야기를 하고 싶은지 깊이 고민하게 되었다. 그리고 그 과정에서 잃어버렸던 자존감을 조금씩 찾아갔다. 매일 새로운 주제를 고민하고 영상을 만들면서, 나는 내 안의 창의성을 발견했다. 전에는 몰랐던 내 재능과 관심사를 찾아가는 과정이 흥미진진했다.

또한 시청자들과의 소통을 통해 나의 경험과 지식이 누군가에게 도움이 될 수 있다는 것을 알게 되었다. 이런 깨달음들이 모여 내 자존감을 높여주었고, 나를 더욱 가치 있는 사람으로 만들어주었다.

예전에는 '그저 평범한 주부'라고만 생각했던 내 자신이, 이제는 '창작자'로 보이기 시작했다. 내가 만든 영상으로 누군가를 웃게 하고, 위로할 수 있다는 사실이 나를 특별하게 만들어주었다. 이제 나는 단순히 가정을 돌보는 역할을 넘어, 많은 사람들과 소통하고 영향을 미치는 사람이 되었다.

이런 변화는 나의 일상에도 큰 영향을 미쳤다. 더 자신감 있게 의견을 말하게 되었고, 새로운 도전에 대한 두려움도 줄어들었다. 가족들과의 관계도 더욱 풍성해졌다. 내가 성장하는 모습을 보며 아이들도 자신감을 얻었고, 남편과도 더 많은 대화를 나누게 되었다.

물론 항상 좋은 일만 있었던 건 아니다. 가끔은 악플도 받았고, 내 영상을 비난하는 사람들도 있었다. 처음에는 그런 댓글을 보면 마음이 아팠지만, 점차 그것도 내 성장의 일부라고 받아들이게 되었다.

처음 악플을 봤을 때는 정말 상처받고 좌절했다. '내가 잘못하고 있는 걸까?', '그만둬야 하나?' 하는 생각까지 들었다. 하지만 시간이 지나면서 이런 부정적인 피드백도 나를 성장시키는 중요한 요소라는 것을 깨달았다. 때로는 그들의 비판 속에 내가 개선해야 할 점들이 담겨 있다는 것을 알게 되었다. 이를 통해 나는 더 객관적으로 나를 바라보는 법을 배웠고, 더 단단해질 수 있었다.

모든 사람을 만족시킬 수는 없다는 걸 깨달았다. 대신 내가 진정으로 하고 싶은 이야기, 전하고 싶은 메시지에 집중하기로 했다. 그러자 오히려 더 많은 사람들이 내 진정성에 공감해주셨다.

이 과정에서 나는 '진정성'의 힘을 깨달았다. 억지로 꾸미거나 남들의 기대에 맞추려고 하기보다는, 내가 정말 전하고 싶은 이야기를 솔직하게 전할 때 더 많은 사람들이 반응한다는 것을 알게 되었다.

이는 영상 제작을 넘어 삶의 다른 영역에서도 중요한 교훈이 되었다. 나는 점점 더 나 자신에게 솔직해지고, 내 목소리를 내는 데 자신감을 갖게 되었다.

시간이 지나면서 내 채널은 작은 커뮤니티가 되었다. 비슷한 처지의 주부들, 새로운 도전을 꿈꾸는 중년들이 모여 서로의 이야기를 나누는 공간이 된 거다. 이들과 소통하면서 내 자신감은 더욱 커졌다. 이 커뮤니티는 단순한 팬층을 넘어 서로 지지하고 응원하는 관계로 발전했다.

우리는 서로의 고민을 나누고, 함께 해결책을 찾아갔다. 때로는 오프라인 모임을 갖기도 했는데, 이를 통해 더 깊은 유대감을 형성할 수 있었다. 이 과정에서 나는 리더십과 커뮤니티 운영 능력도 기를 수 있었다. 이런 경험들이 쌓여 나는 더 큰 자신감과 책임감을 가지게 되었다.

이제 나는 단순히 영상을 만드는 것을 넘어, 내 경험을 바탕으로 다른 분들에게 조언을 해드리기도 한다. 영상 편집 팁을 알려드리기도 하고, 새로운 도전을 망설이는 분들께 용기를 드리기도 한다.

이런 역할을 하면서 나는 더 큰 보람을 느끼게 되었다. 내가 겪었던 어려움과 그것을 극복한 경험이 다른 사람들에게 도움이 된다는 사실이 너무나 기뻤다. 또한 이 과정에서 나 자신도 계속해서 배우고 성장하고 있다는 것을 느꼈다.

다른 사람들의 이야기를 들으며 새로운 시각을 얻기도 하고, 그들의 도전을 응원하면서 나 자신도 더 열심히 노력하게 되었다. 이렇게 서로 배우고 성장하는 과정이 내 삶을 더욱 풍요롭게 만들어주었다.

돌이켜보면, 숏폼 영상은 나에게 단순한 취미 그 이상이었다. 그것은 내 인생의 새로운 챕터를 열어준 열쇠였다. 잃어버렸던 자존감을 되찾고, 새로운 내 모습을 발견하게 해준 소중한 경험이었다. 처음에는 그저 시간 때우기 위해 시작한 것이 내 삶을 완전히 바꾸어놓았다.

나는 이 과정에서 내 안에 숨어있던 창의성과 열정을 발견했고, 그것을 표현할 수 있는 도구를 얻었다. 또한 많은 사람들과 소통하면서 세상을 바라보는 시각도 넓어졌다. 이제 나는 더 이상 '그저 평범한 주부'가 아닌, 자신만의 목소리를 가진 '창작자'로 살아가고 있다. 이 변화는 내 삶의 모든 영역에 긍정적인 영향을 미쳤다.

여러분, 혹시 지금 무언가 새로운 걸 시작하고 싶은데 망설이고 있나? 두려워하지 마라. 첫 걸음을 떼는 게 가장 어렵지만, 한 번 시작하면 그 다음부터는 점점 쉬워질 거다. 여러분 안에 숨어있는 재능과 이야기를 세상에 보여줘라. 그 과정에서 새로운 자신을 발견하게 될 것이다.

나의 경험을 통해 나는 이것을 확신할 수 있다. 처음에는 두렵고 어색할 수 있다. 하지만 그 두려움을 극복하고 한 걸음 내딛을 때, 우리는 상상하지 못했던 새로운 세계를 만나게 된다. 그리고 그 과정에서 우리는 성장하고, 변화하며, 더 나은 자신을 발견하게 된다.

나의 이야기가 여러분에게 작은 용기가 되었기를 바란다. 여러분도 각자의 '캡컷'을 찾아 새로운 도전을 시작해보는 건 어떨까? 그것이 영상 제작이 아니어도 좋다. 글쓰기, 그림 그리기, 요리, 운동 등 무엇이든 상관없다. 중요한 것은 시작하는 것이다.

그리고 그 과정을 즐기는 것이다. 여러분의 도전이 어떤 결과를 가져올지 누구도 알 수 없다. 하지만 한 가지 확실한 것은, 그 도전을 통해 여러분은 반드시 성장할 것이라는 점이다.

마지막으로, 실패를 두려워하지 말라는 말을 전하고 싶다. 나 역시 많은 실패와 좌절을 겪었다. 하지만 그 모든 경험들이 지금의 나를 만들어주었다. 실패는 끝이 아니라 새로운 시작이다. 그리고 때로는 그 실패가 우리를 더 큰 성공으로 이끌어주기도 한다.

여러분의 새로운 도전을 응원한다. 그리고 그 도전을 통해 여러분이 자신의 숨겨진 재능과 가능성을 발견하게 되기를 진심으로 바란다. 여러분 모두의 앞날에 행운이 함께하기를!

영상제작에서 시작된 바디프로필, 이젠 내가 주인공

숏폼 영상을 만들면서 느낀 가장 큰 변화 중 하나는 내 모습을 더 자주, 그리고 자세히 보게 되었다는 거다. 카메라 앞에 서는 일이 많아지면서 자연스럽게 내 외모에도 신경을 쓰게 되었다.

처음에는 이런 변화가 조금 낯설고 어색했다. 영상을 찍기 위해 화장을 하고, 옷을 고르는 시간이 늘어났다. 거울 앞에서 보내는 시간도 자연스럽게 길어졌다. 이전에는 그저 습관적으로 보던 내 모습을, 이제는 마치 타인의 시선으로 바라보게 된 것이다.

이 과정에서 나는 내 외모의 장단점을 더 명확히 인식하게 되었고, 그동안 무심했던 나의 표정과 몸짓에도 주의를 기울이기 시작했다.

처음에는 조금 부끄러웠다. '내 나이에 이런 걸 해도 되나?'하는 생각도 들었다. 하지만 영상을 통해 만난 다른 중년 여성들의 모습을 보면서 용기를 얻었다. 나이는 그저 숫자일 뿐, 우리는 언제든 변화할 수 있고 아름다워질 수 있다는 걸 깨달았다. 초반에는 카메라 앞에 설 때마다 심장이 두근거렸다. 내 모습이 어떻게 보일지, 사람들의 반응은 어떨지 걱정되었다.

하지만 점차 다른 중년 여성들의 영상을 찾아보기 시작했다. 그들의 자신감 넘치는 모습, 나이를 초월한 열정과 에너지를 보면서 나도 할 수 있다는 자신감이 생겼다. 특히 50대, 60대 여성들의 활기찬 모습을 보며 큰 영감을 받았다. 그들을 보며 나는 나이가 우리의 가능성을 제한하는 요소가 아니라는 것을 깨달았다.

그래서 조금씩 운동을 시작했다. 처음에는 가벼운 스트레칭과 걷기부터 시작했다. 그리고 이 과정을 영상으로 기록하기 시작했다. '40대 주부의 홈트 도전기'라는 제목으로 시리즈를 만들었는데, 의외로 많은 분들이 호응해 주셨다. 처음에는 단순히 5분 정도 스트레칭하는 것부터 시작했다. 매일 아침 일어나 간단한 스트레칭을 하고, 그 모습을 짧게 영상으로 남겼다.

점차 운동 시간을 늘려갔고, 걷기 운동도 추가했다. 처음에는 10분 걷기도 힘들었지만, 꾸준히 하다 보니 30분, 1시간씩 걸을 수 있게 되었다. 이 과정을 영상으로 기록하면서, 나의 변화뿐만 아니라 주변 환경의 변화도 함께 담을 수 있었다. 봄에 시작한 걷기가 어느새 가을의 단풍 속 산책이 되는 모습을 보며, 시간의 흐름과 내 노력의 결실을 동시에 느낄 수 있었다.

운동을 하면서 내 몸에 조금씩 변화가 생기기 시작했다. 체중이 줄어들고 근육이 생기면서 옷맵시가 달라졌다. 거울을 볼 때마다 '와, 내가 이렇게 변할 수 있구나'하는 놀라움을 느꼈다. 이런 변화를 영상으로 기록하고 공유하면서 더 큰 동기부여를 받았다.

처음에는 체중계의 숫자 변화에만 집중했다. 하지만 점차 몸의 라인이 달라지고, 평소에 입지 못했던 옷들이 맞기 시작하는 걸 느꼈다. 특히 허리둘레가 줄어들고 팔뚝의 탄력이 생기는 걸 보며 큰 만족감을 느꼈다. 이런 변화를 영상으로 기록하면서, 나는 단순히 외모의 변화뿐만 아니라 내면의 변화도 함께 느낄 수 있었다.

자신감이 생기고, 매사에 더 긍정적인 태도를 갖게 되었다. 이런 나의 변화는 영상을 통해 시청자들에게도 전해졌고, 그들의 응원과 격려는 나에게 더 큰 동기부여가 되었다.

그러던 어느 날, 한 팔로워 분께서 댓글로 제안을 해주셨다. "김희영 님, 바디프로필 찍어보시는 건 어떠세요?" 처음에는 농담으로 받아들였다. '내가 무슨 바디프로필이야…'라고 생각했다. 하지만 그 제안이 자꾸 머릿속에 맴돌았다.

처음에는 그저 웃어넘겼다. 바디프로필이라는 단어 자체가 나와는 거리가 멀다고 생각했다. 하지만 그 댓글을 본 후로 계속 그 생각이 머릿속에서 떠나지 않았다. '정말 내가 할 수 있을까?', '나 같은 평범한 주부도 바디프로필을 찍을 수 있을까?' 하는 고민이 시작되었다.

처음에는 두렵고 부끄러웠지만, 점차 그것을 새로운 도전으로 받아들이기 시작했다. 그리고 그 과정에서 나는 나 자신에 대한 새로운 가능성을 발견하게 되었다.

결국 용기를 내어 바디프로필 촬영을 준비하기로 했다. 3개월 동안 정말 열심히 운동했다. 식단 관리도 철저히 했다. 힘들 때마다 내 변화를 기다리는 팔로워 분들을 생각하며 버텼다.

이 결정을 내리고 나서, 나의 일상은 완전히 바뀌었다. 아침 일찍 일어나 운동을 하고, 식사를 준비할 때도 칼로리와 영양 균형을 고려하기 시작했다. 처음에는 너무 힘들어서 포기하고 싶은 순간도 많았다. 특히 단 음식을 참는 것이 가장 어려웠다.

하지만 매일 조금씩 변화하는 내 모습을 거울로 확인하면서 힘을 얻었다. 그리고 무엇보다 나의 도전을 응원해주는 팔로워들의 댓글이 큰 힘이 되었다. 그들의 응원 덕분에 힘든 순간도 이겨낼 수 있었다.

드디어 촬영 당일, 정말 긴장되더라. 카메라 앞에 서는 건 익숙해졌다고 생각했는데, 이건 또 다른 차원의 경험이었다. 하지만 사진작가님께서 편안한 분위기를 만들어주셔서 점차 긴장이 풀렸다. 촬영장에 도착했을 때, 나는 심장이 터질 것 같았다. 처음 보는 조명과 장비들, 그리고 전문 메이크업 아티스트의 손길까지... 모든 것이 낯설고 어색했다.

하지만 사진작가님과 스태프들이 계속해서 나를 편안하게 해주셨다. "천천히 해요, 잘하고 계세요"라는 말에 조금씩 자신감이 생겼다. 처음에는 어색한 포즈만 취했지만, 시간이 지날수록 점점 자연스러워졌다. 그리고 그 과정에서 나는 새로운 나를 발견하게 되었다.

첫 컷을 찍고 모니터로 확인했을 때의 감동은 잊을 수 없다. 거울로 보던 내 모습과는 또 다른, 자신감 넘치는 내 모습이 거기 있었다. 눈물이 날 것 같았다. '내가 정말 이만큼 변했구나...'하는 감격이 밀려왔다. 모니터 속 나는 마치 다른 사람 같았다. 3개월 동안의 노력이 눈앞에 펼쳐진 것이다. 탄탄해진 근육, 자신감 넘치는 표정, 그리고 전에는 볼 수 없었던 당당한 자세... 모든 것이 새로웠다.

그 순간 나는 단순히 외모의 변화를 넘어, 내면의 변화를 실감했다. 이 경험을 통해 나는 진정한 자신감이 무엇인지 깨달았다. 그리고 그 자신감은 단순히 몸매나 외모에서 오는 것이 아니라, 자신을 사랑하고 인정하는 마음에서 비롯된다는 것을 알게 되었다.

바디프로필 사진을 SNS에 공개했을 때, 반응은 정말 뜨거웠다. "와, 완전 다른 사람 같아요!", "너무 멋져요. 저도 도전하고 싶어요!"라는 댓글들이 쏟아졌다. 심지어 내 나이를 믿지 못하겠다는 분들도 계셨다.

처음 사진을 올렸을 때, 나는 무척 긴장했다. 어떤 반응이 있을지, 혹시 부정적인 댓글은 없을지 걱정되었다. 하지만 걱정과는 달리, 대부분의 반응이 긍정적이었다. 특히 나와 비슷한 상황의 주부들이 많은 응원과 질문을 해주셨다. "어떻게 시작하셨어요?", "식단 관리는 어떻게 하셨나요?" 등의 질문들이 이어졌다.

이런 반응을 보며 나는 내 경험이 다른 이들에게 도움이 될 수 있다는 것을 깨달았다. 그리고 이를 통해 나의 도전이 단순히 개인의 변화를 넘어, 다른 이들에게 영감을 줄 수 있다는 사실에 큰 보람을 느꼈다.

이 경험을 통해 나는 진정한 의미의 '주인공'이 되었다고 느꼈다. 내 인생의, 내 이야기의 주인공이다. 더 이상 누군가의 아내, 누군가의 엄마로 정의되는 것이 아니라, '김희영'이라는 한 사람으로 존재하게 된 거다.

이전에는 항상 다른 사람의 시선으로 나를 정의했다. 남편의 아내로, 아이들의 엄마로, 또는 그저 평범한 40대 주부로. 하지만 이제는 달랐다. 나는 내 삶의 주인공이 되어 내 이야기를 만들어가고 있었다.

이 과정에서 나는 새로운 자아를 발견했다. 도전을 두려워하지 않는 용기있는 나, 꾸준히 노력하는 성실한 나, 그리고 다른 이들에게 영감을 줄 수 있는 영향력 있는 나. 이런 새로운 정체성은 나의 일상 전반에 긍정적인 변화를 가져왔다. 가족과의 관계도 더욱 건강해졌고, 일상의 작은 일들에도 더 적극적으로 임하게 되었다.

바디프로필 촬영 이후, 나는 더 다양한 도전을 하게 되었다. 패션 영상도 만들어보고, 뷰티 팁도 공유하기 시작했다. 내가 변화하는 만큼 내 콘텐츠도 함께 성장하는 것 같다. 이전에는 상상도 못했던 분야에 도전하게 되었다.

패션 영상을 만들면서 나는 내 스타일을 새롭게 정립하게 되었다. 40대 여성에게 어울리는 옷차림이 단순히 '무난한' 것이 아니라, 개성 있고 세련된 것일 수 있다는 걸 깨달았다.

뷰티 팁을 공유하면서는 스킨케어와 메이크업에 대해 더 깊이 공부하게 되었다. 이 과정에서 나는 단순히 정보를 전달하는 것을 넘어, 중년 여성들의 자신감과 아름다움에 대한 새로운 시각을 제시하고자 노력했다.

이러한 다양한 시도는 내 채널의 성격을 더욱 풍부하게 만들었다. 단순히 운동과 다이어트에 관한 내용에서 벗어나, 중년 여성의 전반적인 라이프스타일을 다루는 종합적인 채널로 발전하게 된 것이다.

이 과정에서 나는 끊임없이 새로운 것을 배우고 도전하는 즐거움을 느꼈다. 그리고 이런 나의 변화와 성장이 시청자들에게도 긍정적인 영향을 미치는 것을 보며 큰 보람을 느꼈다.

이제 나는 다른 중년 여성분들께 이렇게 말하고 싶다. "여러분도 할 수 있어요. 지금 시작해도 늦지 않아요." 나이는 그저 숫자일 뿐이다. 우리는 언제든 변할 수 있고, 새로운 모습을 발견할 수 있다.

이 말은 단순한 격려가 아니라, 내가 직접 경험하고 증명한 사실이다. 40대 중반에 시작한 나의 변화가 이렇게 큰 영향을 미칠 수 있다는 것을 누가 상상이나 했겠는가?

우리 사회에는 아직도 나이에 대한 고정관념이 많이 존재한다. 특히 여성들에게 더욱 그렇다. 하지만 나는 이런 고정관념을 깨고 싶다. 나이는 우리의 가능성을 제한하는 요소가 아니라, 오히려 더 풍부한 경험과 지혜를 제공하는 자산이 될 수 있다.

우리가 도전하고 변화하는 데 있어 가장 큰 장애물은 외부가 아닌 우리 마음속의 두려움과 편견일 것이다. 이 두려움을 극복하고 한 걸음 내딛는 순간, 우리는 무한한 가능성의 세계로 들어설 수 있다.

내 이야기가 누군가에게 용기와 희망이 되길 바란다. 여러분도 각자의 인생에서 주인공이 돼라. 그 과정이 때로는 힘들고 두려울 수 있지만, 그만큼 값진 경험이 될 거다. 나 역시 이 여정을 시작할 때는 많은 두려움과 불안감이 있었다. 실패할까 봐, 남들의 시선이 부담스러워서, 혹은 내 나이에 맞지 않는 행동을 하는 건 아닐까 하는 걱정도 있었다.

하지만 지금 돌이켜보면, 그런 두려움들은 모두 극복할 수 있는 것들이었다. 오히려 그 과정에서 겪은 어려움들이 나를 더 강하게 만들어주었다. 실패를 경험하면서 다시 일어설 수 있는 힘을 배웠고, 남들의 시선에 연연하지 않고 내 길을 갈 수 있는 자신감을 얻었다. 그리고 무엇보다 나이는 단지 숫자에 불과하며, 우리의 꿈과 열정에는 나이 제한이 없다는 것을 깨달았다.

나의 여정은 여기서 끝나지 않을 거다. 앞으로도 계속해서 새로운 도전을 하고, 그 과정을 여러분과 나누고 싶다. 우리 함께 성장하고 변화해나가고, 그런 여러분의 이야기도 기대가 된다.

이제는 단순히 내 이야기를 전하는 것을 넘어, 여러분의 이야기도 듣고 싶다. 여러분 각자가 겪는 도전과 성장의 순간들, 그리고 그 과정에서 느끼는 기쁨과 좌절, 그 모든 것들이 우리 모두에게 소중한 배움의 기회가 될 것이다.

앞으로 나는 더 다양한 분야에 도전하고 싶다. 건강과 운동, 패션과 뷰티를 넘어 요리, 여행, 독서, 취미 활동 등 중년 여성들의 삶을 풍요롭게 만들 수 있는 모든 영역을 탐구하고 싶다. 그리고 이 과정에서 많은 분들과 소통하고, 서로 영감을 주고받으며 함께 성장해 나가고 싶다.

우리의 인생은 계속되는 여정이다. 그 여정에서 우리는 끊임없이 변화하고 성장한다. 때로는 어려움에 부딪히고, 때로는 예상치 못한 기쁨을 만나기도 한다. 하지만 중요한 것은 그 모든 순간을 온전히 경험하고, 그로부터 배우며, 계속해서 앞으로 나아가는 것이다. 여러분도 각자의 여정에서 주인공이 되어, 자신만의 특별한 이야기를 만들어가길 바란다. 그리고 그 이야기가 또 다른 누군가에게 용기와 희망이 되길 바란다.

함께 성장하고, 함께 꿈꾸며, 함께 변화해 나가는 우리의 여정이 계속되기를 희망한다. 이것이 바로 우리 삶의 가장 아름다운 모습이 아닐까? 여러분 모두의 앞날에 행운과 축복이 가득하기를 진심으로 기원한다.

박현

아이 둘을 가진 주부이자 평범한 회사원으로 15년을 보냈다. 아무리 애를 써도 쳇바퀴 도는 삶이었기에 회사 생활을 과감히 관두고 하고 싶은 일을 시작했다. 보험회사에서의 오랜 경력을 바탕으로 삼성생명 법인사업부에 근무 후 현재는 (주)중소기업경영지원단에서 개인과 법인사업자 경영컨설팅을 하고 있다.

누구나 꿈을 꾸지만, 생각에 그치는 사람들이 많다. 평범한 여성도 그 꿈을 실현하기 위해 작은 것이라도 성장하고자 노력한다면 돈과 명예, 일에 대한 성취감은 자연스레 따라올 수밖에 없다. 그 꿈을 실현하는 데 저자와 같은 상황의 사람들에게 따뜻한 멘토가 되어 주고 싶다.

- 삼성생명 최우수 페어플레이상
- 삼성생명 신인 챔피언
- 삼성생명 신인 전사 최우수
- 중소기업경영지원단 AFC 시흥다온지사(2021.07~현재)

여성창업시대

리더가 된 여자들
도전에 답하다.

Part 6

미운 오리 새끼에서
황금 백조가 된 경영컨설턴트

CONTENTS

암울했던 미운오리새끼   187

지역주택조합, 원수에게 권하라!   189

재건축아파트, 속도가 관건이다.   192

경기도 신축 아파트, 후분양도 돈이 된다.   195

나만의 파이프라인 구축법   197

평범한 주부, 연봉 1억 넘는 프리랜서가 되다.   198

암울했던 미운오리새끼

가진 돈으로 갈 수 있는 전세방이 없을 정도로 가난했던 15년 전, 신용대출과 주택자금 대출을 최대치로 다 끌어서도 들어갈 전셋집이 없었다. 제일 싼 곳을 찾아 연고도 없는 안산에 방 두 칸짜리 30년 가까이 된 아파트를 매수했다.

이유는 신혼살림을 차렸던 2년간, 주택과 빌라에서 두 번이나 쫓겨났었기에 배 속 아이와 갓 한 살 된 딸들을 위해서라도 정착이 필요했기 때문이다. 그땐 '어느 곳이든 쫓겨나지만 않아도 된다'라는 생각에 그 집을 사서 살며 안산에서 12년간 거주했다.

그간 안 쓰고 남편과 열심히 저축한 덕분에서 12년 만에 대출을 다 갚았다. 하지만, 이렇게 노력해도 남들보다 없이 시작한 내게 남은 건 10년 동안 오르지 않은 1억짜리 집 한 채뿐이었다. 왕복 세 시간 반 거리의 직장생활에도 지쳐가고 있었다.

비슷한 시기 결혼했던 친구들과는 시작이 달랐기에 늘 힘들었다. 11년간 지속했던 이 패턴의 삶은 여전히 계속되고 있었다. 돈과 육아, 직장 그 안에서 여유로움을 느끼고 살 자신이 없었다.

2018년, 초등학교 1학년 2학년 연년생 딸들을 키우고 남편과 맞벌이하며 살아가던 내 삶에 어느 순간 슬럼프가 찾아왔다. '나는 왜 이렇게 힘들게 워킹맘 노릇을 하는 것일까?' 아득바득 열심히 산 것 같은데 늘 풍족하지 못했다. '내가 번 돈들이 어디로 흘러갔을까?' 나는 마음껏 내가 번 돈을 써 본 기억도 없는 것 같다. '이렇게 힘겹게 육아와 직장을 병행하는 이 삶을 지속했을 때 과연 나에게 남는 것은 무엇일까?' 회의감이 밀려왔다.

정말 수만 가지 질문들이 어느 날 비 오듯 쏟아졌다. 그 많은 질문에 대해 나는 답하지 못했번다. 엄마로, 아내로, 며느리로 가정을 유지하고 맞벌이 직장생활을 한다는 것이 어느 순간 나의 심신을 옥죄어 왔다. 그러다가 코로나 팬데믹이라는 큰 전환점이 생겨났다.

온 세상의 사람들이 온라인으로만 세상과 소통하는 시대가 도래한 것이다. 20년 후에나 진행될 법했던 많은 일들이 코로나 덕분에 시기가 당겨졌다. 그때 나도 내 삶의 전환점을 발견하게 되었다.

온라인 줌으로 인터넷으로 무료 강의와 코칭에 참여하게 되었다. 무기력함과 바닥을 친 자존감은 독서와 코칭을 통해 다시 살아나기 시작했다.

내 목표는 하나였다. 늘 부족하고 쫓기는 그런 삶이 아니라, 나 자신과 내 가족에게 여유로움을 선사할 물질적인 풍요로운 삶을 기대했다. 단지 지금 같은 삶이 아니라, 나 자신을 잘했다고 칭찬해 줄 수 있는 물질적인 것 말이다.

아무것도 가진 것 없이 시작해 결혼 후 10년간 남들보다 천천히 왔지만, 조금씩 아끼고 노력하고 저축해서 20~30년 후에는 경제적으로 부족함 없이 여유를 즐기며 살겠다는 계획을 세워왔었다.

하지만 '부의 추월차선'이라는 책의 어느 페이지를 읽으며 잠시 생각에 잠겼다. 우리가 기다리는 빛나는 내일은 40년 후에 나올 수도 있고, 빛나는 내일은 늙은 치매 노인이 되어 침대 위에 누워 있을지도 모른다는 내용이었다.

실제로 나를 세상에서 가장 사랑해 주었던 아빠는 대기업 최연소 임원으로 승진하셨었고 건강하셨지만, 43살이라는 젊은 나이에 갑자기 심장마비로 돌아가셨다. 아빠와 할 수 있는 것이 아무것도 없다는 사실이 늘 속상하다. 단지 내가 할 수 있는 건 아빠의 납골당을 일 년에 한 번 정도 찾아가서 뵙는 일뿐이다.

결혼 후 두 딸을 낳고 워킹맘으로 살아온 10년의 세월을 돌이켜보니 나 또한 아빠의 나이가 되어가고, 우리 아이들도 여전히 엄마 아빠와 많은 시간을 함께 보내지 못했다는 생각에 마음이 쓰라렸다. 그때 난 돈과 시간으로부터 자유로워져야겠다고 생각하게 되었다.

갑자기 돌아가셨던 아버지를 생각하면서, 내년에 아빠의 나이가 되어갔던 나 자신을 다시 생각해 보았다. '남은 나의 인생을 이렇게 다람쥐 쳇바퀴 돌듯 살아가는 것에 안주하고 살면 과연 행복해질 수 있을까?' 지금의 생활을 하며 그 안에서 행복을 느끼고 살 자신이 없었다. 변해야 한다고 생각했다.

지역주택조합, 원수에게 권하라!

1. 왜 우리는 지역주택조합에 속는가?

신에게 원수가 있다면 지주택을 권하라는 우스갯소리가 있다. 살면서 절대 해서는 안 될 나쁜 부동산 5가지 중 하나인 지역 조합주택. 일명 지역주택조합이라고 한다. 가난했기에 편안히 쉴 수 있는 제대로 된 내 집 하나 마련하고 싶었다.

2016년, 지주택이 뭔지도 모른 채 좋은 위치, 호재도 많고, 브랜드도 나쁘지 않으면서 아주 저렴했기에 직원들의 사탕발림에 계약금을 넣고 계약부터 해버렸다. 새 아파트의 로망, 큰 기대를 안고 계약했지만 그게 고통의 시작이었다. 성공할지 실패할지도 모르는 확률 낮은 사업에 시간과 돈과 정신적으로 많은 부분을 쏟아붓게 되는 것이다.

2) 땅도 없이 시작하는 지역 조합주택, 조합원의 돈으로 짓는다.

지역주택조합은 조합원들의 돈으로 땅을 사고 하나부터 열까지 100% 조합원들이 부담하는 형식이기 때문에 수도권 내에서만 성공 확률이 5% 내외다. 초반에 계약금의 10%로 시작하고 시간이 흐를수록 내야 하는 현금이 늘어난다.

이미 토지 확보도 끝났다며 당장 착공이 될 것처럼 이야기하지만, 그로부터 빠르면 7년에서 10년 이상이 걸리는 사업이다. 그것도 아파트가 지어지는 5% 확률에 들었을 경우엔 다행이고, 지어지지 못할 경우 돈은 고스란히 날리게 되는 것이다.

85제곱미터 이하의 1주택 이하를 계약부터 등기를 칠 때까지 보유해야 하는 조건도 있기에 이미 1주택이 있는 사람은 지역 조합주택 계약으로 인해 청약도 넣을 수 없고 다른 투자도 할 수 없게 된다.

나 또한 2016년부터 작년 2023년까지 1주택 유지 조건 때문에 다른 곳을 소액으로라도 계약하고 싶어도 할 수 없는 상황들에 한숨을 쉰 적이 많았다. 해지하더라도 얼마 회수 할 수도 없는 몇천만 원의 돈이 너무 아깝기도 했고 지나간 시간을 되돌릴 수 없기에 더 억울하고 고통스러웠다.

차라리 그 돈을 포기했더라면 나았을 거란 생각은 아직도 한다. 서민들을 위해 만들어진다는 지역 조합주택 아파트가 오히려 적은 돈으로 내 집 하나 가져보고 싶은 서민들의 등 뒤에서 사기를 치는 곳이란 것을 느꼈다. 물론 아닌 곳도 아주 극소수 있을 수 있겠지만 말이다.

계약하고 사업 승인이라는 것이 나기까지 무려 3년 반이라는 시간을 기다렸다. 지역주택조합은 조합설립인가부터 사업 승인까지 시간이 오래 걸린다. 물론 그 이후 넘어야 할 산은 더 많지만, 사업 승인이 나면 끝이라고 생각하는 사람들도 많다.

조합장은 정신병원 입원을 핑계로 한몫 챙기고 사라져 버려 사업은 잠시 중단되었고, 조합원들 사이에서 대의원과 조합장을 선출해 사업이 진행됐다. 아무런 지식도 없이 억울한 마음에 대의원 일을 하며 변호사 사무실부터 이곳저곳 쫓아다니면서 정신없이 보낸 시간이 몇 년 동안이었는지 기억이 안 날 정도다. 앞이 보이지 않는 어두운 터널을 지나가는 듯했다.

3) 드디어 새 아파트, 환골탈태

사업 승인이 나고 난 이후 다시 3년 반, 우여곡절 끝에 부동산 불황이 오기 직전 후분양으로 일반분양을 진행했고, 2023년 5월 말부터 입주가 시작됐다. 2016년 4월에 계약하고 2023년 5월에 입주를 시작했으니 7년이 걸린 것이다. 지주택 치고는 짧은 시기에 성공적으로 입주까지 한 케이스다.

저자는 반전세로 임차인과 계약했고 작년 8월 드디어 임차인이 이사를 마쳤다. 입주했다고 또 끝이 아니다. 지주택은 청산이라는 절차가 남아있어 또다시 몇 년이 걸릴지 추가적인 금액이 더 들어가야 할지 기다리는 시간이 남아있다. 어쨌든 아파트가 세워지고 입주까지 끝났다지만 누구라도 겪지 않았으면 하는 큰 인생 경험을 했다

4) 지주택은 성공 확률 5%다.

차를 타고 지나다니다 보면 저렴한 분양가의 아파트 홍보물 현수막을 자주 보게 된다. 그게 지역 조합주택 광고인 줄도 모르고 지금도 상담을 받고 부푼 기대에 계약하는 사람들이 많다. 지역 조합주택 아파트를 갖고 싶다면 P를 조금 더 주고 사업 마무리 단계에 있는 것을 매수하는 것을 추천한다.

재건축아파트 속도가 관건이다.

1) 오래된 아파트를 선택했던 이유

결혼 후 처음 살았던 사천 삼백만 원의 주택 2층 전셋집에서는 11개월 만에 주인이 바뀌면서 다른 동네의 빌라로 이사를 했다. 제일 싫어하는 바퀴벌레가 득실거리는 집이었다. 돌이 안된 첫째 딸과 13개월 차이 나는 만삭의 둘째 아이가 배 속에 있는 상태여서 아이들을 위해서라도 조금은 나은 환경으로 이사를 해야겠다고 생각했다. 가진 돈은 대출을 제외하고 손에 천만 원 남짓이다 보니 선택권이 많지 않았다.

육아 휴직도 오래 쓸 상황이 아니었고 아이들을 키우려면 친정어머니의 도움이 필요했기에 어머니가 계신 안양을 한 달 동안 알아봤지만, 대출을 받더라도 갈 수 있는 집이 반지하 20~30년 된 빌라 뿐이었다.

찾다 못해 지쳐 연고도 없는 안산의 30년이 넘은 아파트를 1억 2,500만 원에 계약해 버렸다. 신용대출과 주택담보대출을 합쳐 1억 넘게 받아서 말이다.

쓰러져 갈 것 같은 이 아파트를 매수했던 첫 번째 이유는 전세대출보다 대출이 더 가능했고 더 이상 쫓겨나지 않고 오랫동안 살 수 있는 내 집이었기 때문이다. 두 번째는 오래됐기 때문에 재개발이 될 확률이 높아 투자가치가 있겠다는 단순한 생각 때문이었다. 마지막 이유는 엘리베이터가 없는 쓰러질 것 같은 곳이지만 주택이나 빌라가 아닌 아파트였기 때문이다.

2) 힘겨웠던 노후 아파트 11년간의 거주기

1989년에 지어진 6층짜리 건물의 아파트였다. 요즘은 찾아볼 수 없는 모래 놀이터가 있고 방 두 칸, 식탁 놓을 자리 없는 비좁은 주방에 넷이 앉으면 꽉 차는 거실이었지만 쫓겨나지 않는 내 집이어서 편안했다.

대신 아파트 전체가 물이 새는 곳이 너무 많다 보니 사는 동안 누수 공사만 8번을 했다. 차 다니는 비좁은 골목을 여러 번 지나 건널목을 3개나 건너야 갈 수 있는 이십여 분 거리의 초등학교에 딸아이들을 보내면서 늘 마음이 아팠다.

재건축된다는 이야기는 계속 나왔지만, 건설사만 3번이 바뀌고 10년이 넘도록 희망 고문만 당했던 시간이었다.

3) 기약 없는 기다림

2010년에 안산의 아파트를 매수하고 2016년에 지역 조합주택 아파트를 계약했다. 오래된 아파트에 아이들과 살다 보니 새 아파트에 살아보는 게 꿈이 된 것이다.

지역 조합주택 아파트는 지주택대로, 살고 있는 아파트는 이 아파트대로 양쪽 조합장이 심각한 비리를 저지르고 있는 걸 눈앞에서 뻔히 보고 있었지만 할 수 있는 건 아무것도 없었다.

어린아이들을 키우고 안산에서 인천으로 직장을 다니며 지주택과 살고 있던 아파트 재건축까지 신경 쓰려니 병이 올 것 같았다.

기다리다 못해 살고 있는 살고 있던 아파트의 관리처분인가가 나자마자 매수하겠다는 사람이 있어 10년 넘게 살았던 집을 매도했다. 10년을 넘게 오르지 않았던 집을 매도해 버리자마자 미친 듯이 가격이 오르기 시작했다.

그때 생각했다. '내가 참 무지했구나…. 진작 부동산 공부 좀 할걸….' 하고 말이다. 부동산 공부는 나처럼 돈이 없는 사람은 할 필요도 없고 투자란 건 남의 일이라고만 생각했었다. 지주택과 살던 아파트를 고통스럽게 겪고 난 후 그제야 정신이 번쩍 든 것이다.

4) 타이밍과 속도

2020년부터 금융과 부동산 공부를 본격적으로 시작했다. 투자의 흐름을 알고 분석할 줄도 알아야 하는데 몇 푼 안 되는 돈이지만 전 재산을 공부도 하지 않고 덜컥 투자했으니 그런 결과가 나오는 건 당연하다.

관리처분인가가 나고 매도 후 그 아파트는 바로 허물고 공사가 시작됐다. 지금도 그 아파트를 가끔 지나다 보면 꽤 많이 공사가 진행되고 있는 것을 본다.

타이밍을 놓치고 이제 와서 땅을 치고 후회한들 무슨 소용이 있을까? 억울하고 분한 마음이 여전히 가시지 않지만 결국은 이런 결과는 스스로가 만든 것이다.

알고 보니 관리처분인가가 났을 시점이 국내의 재건축 시장은 활황이었던 타이밍이었고 이후 사업 속도가 붙어 일사천리로 진행될 수밖에 없었던 상황이었다.

경기도 신축아파트, 후분양도 돈이 된다.

1) 소액으로 신축 아파트에 투자하다

10년 넘게 거주했던 아파트에서 악착같이 살아내며 담보대출, 자동차 대출, 신용대출을 다 갚았다. 빚이 없다는 사실이 얼마나 홀가분하고 기뻤는지 아직도 빚이 0원이 되던 날을 생각하면 스스로가 참으로 대견하다.

지주택과 재건축 아파트를 경험하고 부동산과 금융 공부를 하다 보니, 저축과 근로소득만으로는 결코 지금의 삶에서 벗어나지 못하겠다는 생각이 들었다.

큰 리스크가 없는 선에서 소액으로 투자할 만한 아파트를 찾다 경기도 아파트를 매수할 기회가 생겼다. 이미 지어진 상태에서 하는 후분양 아파트였고 미분양으로 남아있는 것을 고를 수 있었다. 일명 '줍줍' 이라고 한다.

지역 조합주택 아파트를 유지하는 조건 중의 하나가 85제곱미터 이하의 1인 1주택 이하 소유였다. 살고 있던 아파트는 관리처분인가가 안 났을 시기였고 매수할 사람도 없었기 때문에 1인 1주택의 조건에 걸려 필자의 이름으로는 다른 아파트에 투자할 수 없는 상황이었다.

생각해 보니 시부모님이 평생 집을 가져본 적이 없으셨다. 생애 최초이다 보니 대출도 더 많이 나오고 시어머니 명의로 줍줍 아파트를 매수할 수 있었다. 생애 첫 제대로 된 투자의 시작이었다.

2) 어디를 선택했는가?

마음 같아서는 서울이나 수도권의 아파트였다면 좋았겠지만, 문제는 돈이었다. 그래서 관심을 가지고 지켜보고 있던 곳이 평택의 지제역 주변이다. GTX 교통 호재, 삼성반도체로 인한 일자리 호재 등 앞으로 발전 가능성이 큰 지역이었기 때문에 선택하게 됐다.

대장 아파트는 아니지만 내가 가진 돈으로 살 수 있는 새 아파트였기에 고민하지 않고 바로 계약금을 입금했다.

3) 후분양으로 1년 만에 투자금을 회수하다

24평 아파트를, 분양권을 사면서 실제 투자한 금액은 이천 사백만 원이었다. 후분양이었기에 그 이듬해 바로 입주가 시작됐고 감정가가 오르다 보니 대출도 많이 나와 나머지는 집단 대출로 잔금을 해결할 수 있었다.

다행히도 바로 월세 세입자가 구해져 보증금 천만 원에 월 백만 원을 받는 임대인이 된 것이다. 대출 이자를 갚더라도 삼사십만 원 정도는 남았고 그 돈은 어머님의 용돈으로 매달 드렸다.

2년이 지난 시점인 작년 12월, 월세에서 전세로 임차인을 맞추게 되면서 필자가 샀던 가격으로 투자했던 돈은 회수하고도 남았다. 지금 매매한다 해도 매수했던 가격보다는 오른 상태이고 비과세라 짧은 시기에 소액 투자로는 성공한 셈이다.

재작년 부동산 경기가 호황이었을 땐 시세차익이 2억 원도 넘게 났었다. 뼈 빠지게 일해 부부가 근로소득만으로 1억 원의 대출금을 갚는 데 12년이 걸렸는데, 꽤 안정적이고 성공적인 투자 아닌가?

4) 금융 지식의 온도를 높여라

2020년 한 해에만 읽은 책이 백 권이 넘었다. 주로 부동산, 경제, 금융, 자기계발서 위주였다. 여러 곳에서 독서 모임을 가졌고, 읽은 책의 내용을 잊어버리지 않기 위해 블로그에 서평을 남기기 시작했다.

특히 부동산 관련 책은 몇 날 며칠이 걸리면서까지 정리해 올렸고 모임을 통해 임장도 다니며 매일 공부했다. 조금씩 금융 지식의 온도를 높여갔던 것이다.

투자를 하려면 일단 돈이 있어야 한다. 필자는 빚이 있을 때도 대출 원금은 1년짜리 단기 적금을 들어 1년 후 남아있던 대출 상환을 하곤 했다. 빚만 갚는 현실에 지치고 힘이 빠질 수 있기에, 모으는 재미도 느끼고 이자를 더한 원금을 받아 대출금을 상환하면 대출 원금이 확연히 줄어든 성취감도 맛볼 수 있었기 때문이다.

입출금식 통장은 일반 은행 통장보다는 매일 이자가 쌓이는 증권사 CMA 통장을 사용하고, 사용하면서도 이율이 높은 증권사로 자주 옮기는 편이다. 거기에 증권사를 통한 6개월 전후 짧은 기간의 신용도 좋은 발행어음도 이자가 꽤 높은 편이라 소액이라도 목돈이 있을 때 투자했다 만기가 되면 찾기도 한다.

나만의 파이프라인 구축법

2020년 하반기부터, 변동성이 크고 외국인에 의해 좌지우지되는 국내 주식보다는 안정적인 해외 주식 ETF에 매월 적립식으로 투자하고 있다. 그중 일부는 월 배당 ETF로 소액으로 매월 배당금 받는 재미가 꽤 쏠쏠하다.

주식가격은 장기적으로 보면 천천히 우상향 되고 있기에 필요시 오른 ETF를 환매하면 이익은 덤이다.

첫째 11살, 둘째 10살이 되던 해부터 아이들 증권 계좌를 개설해 매월 20만 원씩 증권계좌로 자동이체를 해놨다. 환율이 떨어졌을 때 환전하고, 미국 주식가격이 하락장일 때 원하는 ETF를 매수해 주고 있다.

5년째 아이들에게 유일하게 해줄 수 있는 엄마의 소소한 투자라고나 할까? 월 배당이 나오는 ETF는 매달 배당금을 받을 수 있기에 지금도 소액이지만 매달 배당금이 쌓이고 있고, 아이들이 컸을 땐 이 배당금을 일하지 않고 용돈으로도 사용할 수 있지 않을까 한다. 아이들이 성인이 되는 시기까지 딱 10년 동안은 꾸준히 모아 줄 예정이다.

요즘은 올해 중학교 1학년, 2학년인 연년생 딸들에게 가끔 농담도 한다. 대학 가기 싫으면 엄마가 모아 준 ETF 팔아서 마음껏 원하는 사업 한번 해보라고 말이다.

평범한 주부, 연봉 1억 넘는 프리랜서가 되다.

내가 경험한 모든 것들이 경험이 되고 콘텐츠가 된다. 누군가 이 말을 했을 때 나는 속으로 코웃음을 쳤다. '무슨 되지도 않는 소리일까?', '나의 경험이 어떻게 돈이 된다는 말인가' 그러던 내가 변하기 시작했다. 인풋만 하는 것이 아닌 아웃풋을 해야 할 시기라고 생각했고 일단 시작해 보기로 했다.

1) 삼성생명보험 주식회사, 2021년 법인영업 부문 챔피언 달성

10여 년간 S 보험회사에서 일반 사무직원으로 일을 했다. 배운 게 도둑

질이라고 관련 일을 찾다 법인 영업을 시작하게 되었다. 영업과 기존의 일과는 완전히 다른 직업이지만 법인 영업의 매력을 느꼈기에 과감히 도전하게 된 것이다.

보험 회사에서 일하며 가장 많이 느꼈던 점은 고객 중심이 아닌 판매만을 중시하는 영업사원들이 생각보다 많아 만약 내가 영업한다면 저렇게 절대 하지 않으리란 거였다.

세상의 모든 영업이 그러하듯 고객과는 믿음과 신뢰, 사후관리가 가장 중요한데 그것을 놓치며 돈에만 쫓는 영업사원들이 너무 많았기 때문이다. 잘 한다면 하는 만큼 성취감과 소득이 높은 일 중의 하나가 법인영업이다.

지인도 많지 않고 조용한 성격의 필자가 과연 영업이란 걸 해낼 수 있을까 생각했지만, 무조건 시작해 보고 싶었다. 처음엔 최저 시급에도 못 미치는 초라한 실적이었지만 보험뿐 아니라 세무, 노무 공부를 하며 개척 영업을 해 나갔다.

6개월이 지난 시점, 지인이 아닌 개척으로만 그간 뿌린 씨앗에 결실을 보기 시작했다.

10개월 후, 월 급여가 통장에 3천만 원이 넘게 찍힌 걸 보고 '이 돈이 내가 번 돈이 맞나?', '이런 큰돈이 내 통장에 들어온 게 맞나?' 믿기지 않았다.

혼자서 하기보다 좋은 파트너가 있다면 업무의 효율은 최고가 될 수 있는 것이 법인 영업의 매력이다. 필자는 운이 좋게 똑똑하고 좋은 파트너를 만나 서로의 멘탈이 흔들릴 때마다 많은 도움을 주고받을 수 있었다.

느리지만 꼼꼼하고 긍정적인 성격의 필자와, 빠르고 진취적인 성격의 파트너가 만나 성공의 결과를 이루어 낸 것이다. 파트너와 협업하지 않았다면 이런 좋은 결과는 나오지 못했을 것이다.

개척 영업은 처음부터 쉬운 것은 아니었다. 고객발굴을 하기 위해 새벽 5시 반에 출근해 2천여 통의 우편물을 직접 작업해 보내기도 하고, 무작정 회사들을 찾아가기도 했다. 전화 영업을 통해 약속을 잡고 대표님을 만나 프레젠테이션을 하기까지 수많은 시행착오를 겪으며 경험을 쌓아 나갔다.

2021년 신인 챔피언, 신인 전사 최우수, 삼성생명보험 주식회사에서 GFC 고객 중심 경영을 실천하고 신인 부문에서 우수한 성과를 거두어 최우수 페어플레이상, 신인 챔피언 상, 신인 전사 최우수상을 여러 번 수상하였다. 그러다 보니 2022년 삼성생명에서 최고의 영광인 '명인'의 자리에 올랐다.

2) 연봉 5억, 새로운 도전

법인계약과 관련한 개척 영업을 하다 보니 진정한 법인 컨설팅 업무에 도전해 보고 싶었다. 마침, 법인 컨설팅을 전문으로 하는 중소기업경영지원단 이라는 회사로 이직하고, 법인 컨설팅 업무를 맡게 됐다. 필자의 컨설팅 대상 업체는 100인 이상의 중견기업도 있지만, 주로 30인 이하의 제조업 기반 중소기업이 대부분이다.

고용지원금, 기업부설연구소, 연구전담부서 설립, 뿌리기업 인증, 소재부품장비 인증, 벤처 인증, 메인비즈 인증, ISO 인증, 경정청구, 정책자금 대출, 주식 가치평가, 법인 설립 및 전환, 개인사업자나 법인회사에서 절세할 방법 등을 전반적으로 컨설팅하고 있다.

소기업의 사업을 하는 대표님들은 영업에만 집중하기에도 시간이 부족하기 때문에 정부에서 받을 수 있는 지원금 혜택이나, 여러 인증 제도를 활용한 기업의 혜택을 못 받는 경우가 대다수이다.

국가에서 안 낸 세금은 모조리 받아 가고 세금을 덜 내거나 안내면 가산세까지 있지만, 안 찾아가는 지원금은 억지로 찾아가라고 하지 않는다.

특히 요즘은 며칠 근무한 직원이든 가족처럼 오랫동안 근무했던 직원이든 가리지 않고 고용노동부에 신고하는 노무 분쟁이 많아지고 있다. 소기업일수록 챙기기 쉽지 않지만 미리 준비하는 노무 영역도 중요한 부분이다. 근로를 시작할 때 근로계약서부터 직원이 5인 이상 여부에 따라 달라지는 연차수당 관리, 4대 보험료를 절세할 방법을 컨설팅하고 있다.

노무, 행정 서류뿐 뿐 아니라 위의 인증제도, 절세까지 회사의 경영에 필요하고 도움을 드릴 수 있는 부분은 최선을 다해 도움을 드리고 있다.
대표님의 사업을 도와드리고 있지만 필자도 마찬가지로 사업가이다. 매출을 올리기 위해서는 그 자리에 안주하면 안 되기에 매일 고민하고 새로운 것을 찾곤 한다.

변화하는 사람이 성공한다. 세상은 너무 빨리 변하고 그 변화에 맞춰 움직이기 위해서는 그만큼의 자기관리와 노력이 필요하다. 우선순위와 목표설정, 피드백을 통한 성과관리, 고객 사후관리를 어떻게 할 것인가에 대해 지속해 노력한다면 목표하는 연봉 5억은 3년 안에 반드시 이루어질 것이다.

3) 작은 성공 실천, 큰 바다에서 만나다

사후관리가 가장 중요하다는 것을 안 필자는 계약이 끝이 아니라 계약부터 시작이라고 생각한다. 이 업을 시작한 이후 3년이 넘는 시간 동안 대표님들과 연을 이어가며 같이 성장해 나가다 보니, 컨설팅으로 인한 여러 가지 지원 혜택도 받으시고 회사도 커지는 곳이 늘어나게 됐다.

이후에는 꾸준하게 믿고 관리를 해드리다 보니 소개를 받는 일이 늘어났다. 그럴 때가 이 일을 하며 가장 성취감이 느껴질 때가 아닌가 싶다. 성공을 향해 성장하고 있는 대표님, 이미 큰 회사의 오너로 인터넷에 검색만 하면 나오는 대표님을 직접 만나고 이야기를 나누다 보면 필자가 배우는 점이 얼마나 많은 줄 모른다.

특히 4년 전부터 인연을 맺는 다성테크 이명용 대표님께서는 선물해 드린 책 3권을 다 읽으시고 책의 내용과 공감한 부분을 직접 보내주시기도 했다. 직원이 100여 명이 넘는 큰 회사의 대표님께서 바쁜 시간을 쪼개 책을 읽고 보내주신 내용에 큰 감동을 하였다. 사람을 소중히 생각하고 늘 직원들에게 미안한 마음이라고 말씀하시는 대표님을 어찌 존경하지 않을 수 있을까?

힘들 때도 있지만, 함께 식사도 하고 인생의 조언도 구할 수 있는 그런 분들을 가까이 뵙는 것은 참 행복한 일이다. 성공하려면 성공하는 사람과 친하게 지내라고 하는 말이 있듯 그런 분들이 있으니 오히려 필자가 도움을 받는 일이 더 많아졌다.

결혼 후 고생스러웠던 과정이 없었더라면 지금의 필자도 없었을 것이다. 나와 같이 시간을 버리는 투자와 경험을 하지 않았으면 하는 마음으로 이 책을 썼다. 그리고 작은 성공을 무조건 경험하고 도전해 보라고 하고 싶다. 작은 성공이 모여 큰 성공이 되기 때문이다.

4) 운도 준비된 자에게 온다

"아무것도 하지 않으면 아무 일도 일어나지 않는다"라는 명언이 있다. 운은 그냥 만들어지는 것이 아니다. 어떤 일이든 지속성 있고 끈기있게 포기하지 않고 씨를 뿌린다면 반드시 뿌린 씨앗이 꽃을 피우게 된다. 준비한다면 기회가 오더라도 그게 기회인 줄 알고 잡을 수 있는 것이다. 준비하지 않는다면 기회인지도 모르고 그냥 지나갈 뿐이다.

   금융 공부와 부동산 공부부터 이 책을 쓸 수 있도록 많은 도움을 주신 윤서아 대표님, 노션을 배우며 인생의 첫 노션 강의를 하도록 도와주신 천사 같은 '정리의 마법' 저자 손혜연 작가님, 늘 믿어 주시고 칭찬을 아끼지 않는 중소기업경영지원단의 AFC 지사 부모님같은 김태연 대표님 이말순 실장님, 성장하고 발전할 수 있도록 4년 동안 곁에서 함께해 주시는 임원근 지사장님, 사랑하는 가족에게 감사의 말씀을 드립니다.

유양석

유양석 작가는 대한민국 틱톡 스티커 크리에이터로, 50대 중반의 나이에 틱톡 스티커 제작을 시작하여 현재는 전 세계 상위 1%의 편집 효과 크리에이터로 활동하고 있습니다. 이펙트하우스의 최고 크리에이터로서, 틱톡 스티커 제작에 대한 노하우와 경험을 바탕으로 다양한 강의와 책을 출간하며 행복한 제2의 인생을 살고 있습니다.

- 틱톡크리에이터1급 (2023.과학기술정보통신부)
- 캔바디지털콘텐츠강사1급 (2023.국제디지털콘텐츠협회)
- 굿팩칼리지에서 미니챌린지 진행중 (2023.06~)
- 챗GPT 전문강사
- 미디어창업뉴스 취재기자 (2023.10~)

여성창업시대

리더가 된 여자들
도전에 답하다.

Part 7

대한민국 아줌마, 전 세계 상위 1% 틱톡 크리에이터 되다.

CONTENTS

평범한 아줌마의 온라인세상 도전기　　　　　　　　　　207

틱톡스티커로 제 2의 인생을 살다　　　　　　　　　　　209

전 세계 상위 1% 틱톡 크리에이터 되다　　　　　　　　213

디지털아티스트로 그림동화출간까지　　　　　　　　　217

동화작가에서 디지털강사로 입문하기　　　　　　　　　220

인공지능과 함께하는 무한한 가능성　　　　　　　　　　221

평범한 아줌마의 온라인세상 도전기

평범한 아줌마에서 '전 세계 상위 1% 틱톡 크리에이터'라는 엄청난 사건이 일어났다. 온라인 세상에서 빌딩을 짓게 된 것은 우연히 메타버스라는 단어를 만나게 된 것이 계기가 되었다. 지난 2022년도는 제 인생의 커다란 변화를 가져다준 해였다.

그해 여름, 저자는 유튜브를 보지 않고 이어폰으로 들으면서 자전거 페달을 밟으며 출근하고 있었다. 그때, 유튜브에서 '메타버스(metaverse)'라는 말을 처음 듣게 되었다.

메타버스란 가상, 초월을 의미하는 '메타'(meta)와 세계, 우주를 의미하는 '유니버스'(universe)를 합성한 신조어라고 한다. '메타버스'라는 단어를 듣는 순간, 제가 시대에 뒤떨어져 있다는 충격을 받았다. 그동안 컴퓨터 작업이 필요 없는 직장에서 20년을 근무하며 디지털과는 거리가 먼 삶을 살아왔다.

나 혼자 무인도에 있는 기분이었다. 세상의 변화를 느끼지 못하고 있었다. 무언가 변화가 필요했고 불안함까지 엄습했다. 디지털에 대해서는 어려운 정도가 아니라 걸음마 단계라 무엇부터 시작해야 할지 막막했다. 우선 공부를 해야겠다고 생각했지만 직장을 다니고 있어서 시간 제약으로 학원에 가기가 어려웠다.

지금 생각해 보면 온라인 줌 강의가 대중화 되어있던 때였기에 가능했던 것 같다. 이유는 여러분도 잘 알고 있듯이 코로나 팬데믹 상태라서 디지털 세상에서 비대면으로 줌 강의를 듣는 경우가 많았기 때문이었다.

50대 중반에 대한민국 평범한 아줌마가 온라인세상에 빌딩 짓기 도전이 시작되었다. 평생교육바우처 카드를 이용해서 MKYU(온라인 교육플랫폼) 강의를 신청했다. MKYU는 대학 콘셉트로 운영되고 있는 평생교육원으로 고등교육법에 따른 대학 시설은 아니지만 스스로 공부하고 싶은 성인이 가입해서 공부하는 곳이다.

늘 많이 배우지 못해서 다른 사람보다 머리가 나쁘다는 열등감을 가지고 있어서 무언가를 배우고 익히는데 자신감이 없었다. 강의를 듣고 과제를 인스타에 인증하는 것조차 어려웠다. 영어로 아이디(ID)를 만들어야 한다고 해서 고민 고민하다가 온라인빌딩을 짓는다는 꿈을 목표로 꿈꾸는 것이 너무 즐거워서 '꿈꾸는퍼니'라는 아이디를 만들게 되었다.

강사님께 리그램(reprogram)이 무엇인지 모른다고 하니 디엠(Deutsche mark)을 보내라고 해서 다시 '디엠'이 무엇인지 인터넷을 찾아보았던 기억이 난다. 리그램이란, 다른 사람이 올린 사진이나 영상의 출처를 밝히고 내가 다시 인스타 피드에 올리는 것을 말한다. 디엠이란, 다이렉트 메세지로 사람들과 텍스트, 사진, 게시물, 스토리를 비공개로 주고받을 수 있는 인스타 앱 안에 내 피드에 있는 메세지이다.

아침부터 잠들기 전까지 귀에 이어폰을 꼽고 강의를 들었다. 설거지할 때 듣고 빨래할 때 듣고 자전거로 출퇴근 할 때 듣고 모든 움직이는 순간에 들었다. MKYU 교육플랫폼에는 열정 대학생으로 시작해서 강의로 학점을 따면 열정 장학생 그리고 수석 장학생이 있었다.

3개월 만에 열정 장학생이 되었다. 자신감이 생기기 시작한 것은 이때부터였다. '열심히 하면 이렇게 성과를 낼 수 있구나'하는 가능성을 보고 모든 열정을 가지고 할 수 있는 원동력이 생겼다.

1년이 지난 지금 저자는 온라인 세상에서 강사로 강의하고 있다. 책도 출판해서 작가도 되었다. 꾸준한 글쓰기 연습을 통해 현재 인터넷 신문사의 객원기자로 활동하고 있다. 아직은 아주 부족하지만 계속 책을 읽고 글을 쓰고 연습하다 보면 점점 나아질 거로 생각한다.

틱톡스티커로 제 2의 인생을 살다

자 그럼, 제2의 인생을 가져다준 틱톡 스티커에 관해 이야기해 볼까한다. 온라인세상에 빌딩을 어떻게 만들게 되었는지 궁금할 거라 생각한다. 이제부터 과정을 공유하여 여성 창업 시대 저자의 화려한 인생 2막을 보여주려고 한다.

2022년 여름부터 시작한 온라인 공부를 계속하던 중에 그해 12월 16일 틱톡 스티커(TikTok sticker)에 대한 강의를 듣게 됐다. 이날부터 지금까지 하루도 틱톡 스티커를 만드는 작업을 멈춘 적이 없었다. 틱톡 스티커를 배우게 된 순간부터 온라인 세상에 관한 생각이 달라졌다. 그냥 배우고 공부하기만 해도 만족스러웠던 디지털 공부를 내가 직접 참여하여 활동하고 싶었다.

디지털 세상이란 단어조차 낯설고 저자와는 아무 상관 없는 다른 나라 세상이었다. 일상의 변화를 싫어하며 안주하고 있었다. 시대가 변하고 기술이 발전하고 진화하고 있는 순간에 혼자만 멈추어 버린 시계 같은 존재였다. 그 시계가 고장난 것조차 모르고 지냈던 것 같다.

단순하게 배우기만 하던 공부에서 직접 참여하고 싶어지자, 더 이상 나와 상관없는 이야기가 아니었다. 막연하게 배우기만 했던 저자는 온라인 세상에 존재하고 싶다는 생각이 들었다. 제 인생의 목표가 생기고 꿈이 생겼다.

틱톡 앱(TikTok app)을 설치하면서 모든 게 달라졌다. 작은 스마트폰 화면 속에 보이는 것들에서 시선을 뗄 수가 없었다. 단순하게 신나는 음악에 춤을 추며 챌린지 하는 영상이 아니었다. 영상 속 화면에는 편집 효과를 사용하여 마법 같은 세상을 만들어 내고 있었다.

잠깐, 틱톡에 대해 설명드려 볼까 한다. 틱톡 스티커는 틱톡 앱에서 사용하는 편집 효과이기 때문이다. 틱톡은 사용자가 짧은 형식의 비디오 콘텐츠를 만들고 공유하며 볼 수 있는 소셜미디어(Social Media) 플랫폼(platform)이다.

중국 회사인 바이트댄스(Byte Dance)에서 개발했으며 2016년 9월에 국제적으로 출시되었다. 틱톡의 주요 기능은 길이가 15초에서 1분 정도의 영상으로 스크롤 가능한 동영상 피드이다. 사용자는 필터, 효과, 음악, 스티커 등 다양한 기능의 편집 효과를 사용한다. 틱톡의 콘텐츠는 댄스, 음악, 코미디, 교육, 요리, 패션 등 다양한 영상으로 만들어진다.

현재 틱톡은 전 세계적으로 수억 명의 사용자를 보유하고 있으며 가장 인기 있는 소셜미디어(social media) 플랫폼 중 하나이다. 인기 있는 음악을 이용하여 댄스 챌린지를 시작하며 사회적 이슈가 되었다. 페이스북, 인스타그램, 트위터 속에서 인기가 급상승했다.

편집 효과(Editing Effects)란 틱톡에서 다양한 편집 기능과 효과를 제공하여 사용자들이 동영상 콘텐츠를 원하는 대로 창의적으로 만들 수 있는 효과이다. 예를 들어, 필터(색조나 조명 등의 조작), 스티커(이모지나 이미

지 추가), 음악 추가 등 다양한 편집 요소를 활용할 수 있다.

  틱톡 앱 속에 존재하는 편집 효과에 있는 틱톡 스티커를 사용해 보는 순간 만들고 싶어졌다. 정말 다양한 종류의 편집 효과가 내장되어 있다. 단순한 이모지나 스티커 형태가 아니었다. 움직이고 변화하고 얼굴 모양까지 달라지게 만들며 배경도 자유자재로 할 수 있다.

  처음 무성영화가 나왔을 때 어떻게 사람이 이 작은 화면에 들어가 있는지 신기했던 때가 있었다. 이러한 기능들이 어떻게 재현되는지 너무나 궁금했다. 다름 아닌 이런 것을 만드는 사람을 틱톡 스티커 크리에이터라고 부른다는 것을 알게 되었다. 이런걸 만드는 직업도 있다는 게 신기하고, 크리에이터가 부러웠다.

  처음 틱톡 스티커를 만들어 보고 나서 '이런 신세계가 있구나!'하고 감탄사를 연발했다. 만들고 승인신청을 해서 승인되면 전 세계 사람들이 사용하고 동영상을 올린다. 너무 재미있어서 멈출 수가 없었다.

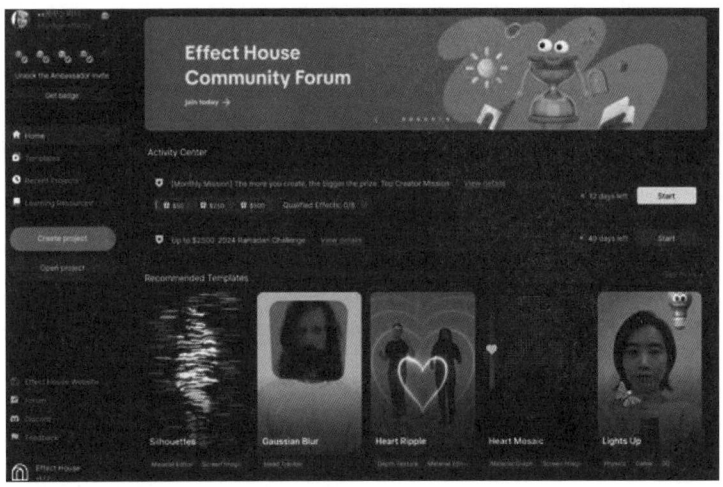

틱톡 이펙트하우스 홈페이지화면　사진=이펙트하우스

이펙트하우스 프로그램 안에서 만들어진 스티커를 스마트폰에 있는 틱톡 앱을 열어서 볼 수 있다. 스마트폰에 있는 틱톡 앱에서 내 프로필을 클릭하고 큐알코드 스캐너를 클릭해서 이펙트하우스 프로그램 안에 있는 프리뷰인 틱톡이라는 패널 도구를 클릭해서 큐알코드가 나오면 스캔해 보자. 그리고 나서 내 얼굴을 비추면 내가 만든 틱톡 스티커가 나타나며 실행된다.

계속 만들고 싶어졌다. 표현 하고 싶은 것은 많은데 기술적인 공부를 하지 않아서 만들 수 있는 것이 많지 않았다. 본격적으로 온라인 세상을 배워야겠다는 생각했다. 디지털 도구를 잘 사용하고 싶었다. 틱톡 스티커를 만들기 위해 배우기 시작하자 엄청난 시너지 (synergy)가 생겨나기 시작했다.

출근해야 하기 때문에 새벽 시간을 선택하기로 했다. 50대에 디지털아티스트에 도전하게 된 저자는 매일 새벽 온라인 줌으로 공부하기 시작했다. 같은 관심사를 가지고 공부하는 커뮤니티에서 함께 공부했다.

캔바(Canva) 디지털 도구는 그래픽 디자인, 사진 편집, 동영상 편집, 문서 작성, 프레젠테이션 제작 등 다양한 작업을 수행할 수 있는 클라우드 기반 소프트웨어이다. 캔바 디지털 콘텐츠 1급 자격증을 취득하고 틱톡 스티커를 다양하게 만들게 되었다. 또한 포토샵 2급 자격증을 따서 틱톡 스티커를 만드는 데 활용하게 되었다. 이제 만들어 낼 수 있는 틱톡 스티커가 늘어나기 시작했다.

이러한 열정이 어디서 나오는지 저자 자신조차 신기하기만 했다. '학창 시절에 이렇게 열심히 공부했으면 얼마나 좋았을까?' 싶지만 그때로 다시 돌아가도 공부를 안 했을 것 같다. 좋아하는 일을 한다는 게 이런 거구나 생각이 들었다. 누가 시켜서 하는 것이 아닌 스스로 학습을 실천하고 있는 것이었다.

디지털 도구를 사용해서 만든 스티커를 사용하며 예술가가 된 듯 자랑스러울 정도였다. 틱톡에서 팔로워 수와 조회수가 하루가 다르게 증가했다. 저자의 틱톡 스티커가 온라인 세상에서 사용되는 것만으로도 행복하고 자랑스러웠다.

전 세계 상위 1% 틱톡 크리에이터 되다

스티커를 만든 지 3개월 만에 조회수가 1억이 넘어 전 세계 상위 1% 틱톡 크리에이터가 되었다. 물론 상대평가이다. 저자가 학교에 다닐 때도 못 해본 1등을 그것도 전 세계에서 1등이라니 믿어지지 않았다.

조회수(Views)란 업로드된 동영상이 얼마나 많은 사람들에게 조회되었는지를 나타내는 숫자이다. 한 명의 사용자가 동영상을 여러 번 시청하더라도 중복으로 카운트되지 않는다. 본인이 영화관람을 여러 번 해도 한번 본 것만 인정된다고 생각하면 된다. 조회수가 높다면 해당 동영상에 있는 틱톡 스티커의 인기가 많다는 뜻도 된다.

전 세계 상위 1% 크리에이터가 된 비결이 궁금하실 것 같다. 틱톡 스티커라는 생소한 분야를 아무것도 모른 채 시작한 것이기 때문에 어떻게 하면 이런 편집 효과를 만들 수 있을까? 궁금했다. 필요한 기술이나 디지털 도구는 무엇인지, 어떤 프로그램에서 만들 수 있는지 좀 더 많은 것을 알고 싶었다.

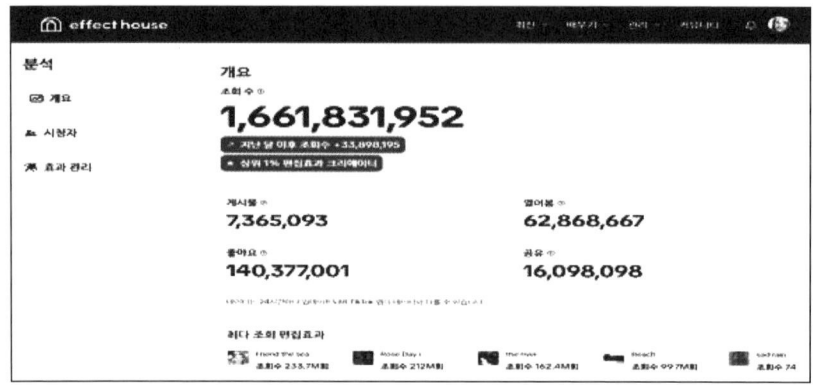

2024년 2월 조회수는 16억이 넘었습니다. 사진=이펙트하우스

처음에는 깜깜한 바다에서 헤엄치는 기분이었다. 하지만 계속 만들기를 반복하다 보니 새로운 기능도 알게 되었다. 새벽에 만들고 출근하기를 매일 했다. 물론 퇴근하고도 계속 만들었다. 한 달 동안 100개가 넘는 스티커가 만들어졌다. 주말에는 아침부터 밤까지 스티커만 만들었다.

틱톡 스티커를 만들어서 제출하면 최대 3일 이내에 승인이 난다. 처음 승인이 난 스티커가 생기면 틱톡 앱에서 크리에이터의 프로필 아래 편집 효과라는 마술봉이 생긴다. 앞으로 만들어질 스티커도 이곳에 모여지게 되고 사용자들이 사용할 수 있게 된다.

사용자들이 저자가 만든 스티커를 사용하며 행복하고 즐거운 표정을 지었다. 이 모습을 보는 것이 즐겁고 기뻤다. 누군가를 웃고 미소를 짓게 하는 일이 보람되게 느껴졌다. 또 다른 한 가지는 마치 창작예술을 하는 디지털 아티스트가 된 기분이었다. 누가 시키지도 않았는데 하루 종일 스티커 생각만 하고 틈만 나면 만들고 싶어졌다. 젊은 시절에도 느껴보지 못한 열정이 느껴졌다.

2024년 6월 팔로워는 3만8천명이고,
오른쪽사진은 130만개의 동영상을 갖고 있는 틱톡스티커입니다. 사진=틱톡앱

 스티커를 만든 지 한 달 만에 틱톡 팔로워 수가 만 명이나 되었다. 이런 현상이 신기하기만 했다. 그보다 더 놀라운 일은 저자가 만든 틱톡 스티커가 전 세계 사람들에게 인기 있고 사랑받는 스티커가 되어있었다는 사실이다. 저자가 만든 틱톡 스티커 하나에 100만 개가 넘는 동영상이 생겼다.

 두 달도 안 된 2023년 2월에 편집 효과 조회수가 1억이 되었다. 전 세계 상위 1%라는 성적표를 받게 되었다. 1억 편집 효과를 달성하는 것은 결코 쉬운 일이 아니었다. 전 세계 수백만 명의 틱톡 사용자가 저자가 만든 스티커를 사용한 영상을 조회해서 본 횟수이다. 대한민국에 사는 평범한 주부에게 엄청난 일이 일어난 것이다.

상위 1% 크리에이터라는 사실은 디지털 플랫폼에서 디지털 아티스트로서 전 세계 수백만 명에게 인정받는 일이었다. 최고의 비결은 꾸준하게 매일 만든 것이었다. 계속해서 많이 만들다 보니 그중에 잘 된 것이 나오게 된 것이다. 최고로 잘 만들어서 꼭 상위 1%로 가 될 거라는 목표를 잡지 않고 재미있어서 계속 만들었던 것이 좋은 결과가 된 것 같다.

틱톡 스티커를 만든 지 6개월 만에 이펙트하우스 최고의 크리에이터 배지인 '플래티넘 배지'를 받게 되었다. 틱톡에서 최고의 이펙트하우스 크리에이터라고 공식적으로 인정해 주는 배지이다. 이 배지는 틱톡 앱에 있는 프로필 사진에 표시되며 모든 사람이 볼 수 있게 프레임을 프로필사진에 장식으로 표현해 준다.

2023년 12월 1일에 '한국 이펙트하우스 어워즈'에서 한국 최고의 크리에이터를 초대하고 시상하는 시상식이 있었다. 저자는 이곳에 꼭 초대받고 싶었다. 이런 행사가 매년 12월에 있다는 사실을 처음 스티커를 만들 때 알고 있었는데, 내년에 나도 꼭 초대받고 싶다는 마음을 간직하고 스티커를 만들었던 것 같다.

시상식에 초대받을 수 있는 조건은 1년 동안의 배지 레벨, 발행량, 비디오 수, 조회(view)수, 내부 이벤트 참여도, 꾸준한 활동 기간, 기술 능력 등을 종합적으로 판단한 점수로 일정 기준을 충족하여야 한다. 초대 결과가 이메일로 오고 정말 기뻤던 기억이 난다.

서울 포시즌호텔에서 열린 이날 행사에 전 세계의 유명한 틱톡크리에이터도 초대됐고, 틱톡 관계자분들과 외국 인사들도 계신 가운데 우리나라의 탑 크리에이터들이 한자리에 모이는 영광의 자리였다.

어워즈인 만큼 여러 가지 시상이 있었는데 갑자기 저자가 여러 번 호명

돼서 놀랐다. 1년 동안 스티커를 가장 많이 만든 순위에도 오르고, 글로벌 탑10에서는 5위를 했다. 글로벌 탑10은 크리에이터가 만든 스티커를 전 세계 글로벌에서 사용한 것으로 틱톡 스티커로 만든 영상의 숫자로 순위가 정해진다.

글로벌 탑10에 든 사실이 너무 놀라 기절할 뻔했다. 1년밖에 안 된 저자가 쟁쟁한 실력의 젊은 크리에이터 사이에서 5위라는 놀라운 성과에 그저 감사하고 소중할 따름이었다.

디지털아티스트로 그림동화출간까지

'디지털 아티스트 틱톡 디자인의 시작' (2023 재노북스) 이라는 책의 작가가 바로 저자이다. 디지털 세상을 공부하다가 틱톡 앱을 알게 되고 틱톡 스티커를 만들었을 뿐인데, 작가가 되었다. 여러분도 놀라셨을 것 같다.

2023년에 출간된 "디지털 아티스트 틱톡 디자인의 시작"은 첫 번째 책으로, 디지털아티스트로서의 경험과 노하우를 담고 있다. 이 책은 디지털아티스트를 꿈꾸는 많은 사람들에게 큰 영감을 주었고, 새로운 창작의 길을 열어주었다.

틱톡 스티커를 만들게 된 계기와 틱톡 스티커를 잘 만들기 위해서 디지털 도구를 배우고 공부해서 디지털아티스트까지 된 경험을 책으로 쓰게 되었다. 저자처럼 디지털을 잘 모르시는 분들도 공부를 하고 배우면 할 수 있다는 것을 알려드리고 싶었기 때문이다.

지금 디지털 세상은 누구에게나 공평하다. 다 같이 어렵고 새로운 것들로 가득 차 있어서 출발선이 같다. 마치 달리기를 하기 위해 출발선 상에 서 있는 것과 같다. 아무 조건이 없다는 것이 저자에게는 매력적으로 다가왔다.

　남녀노소나 학력 실력이 필요 없다. 배우고 사용하기만 하면 정말 내 것이 되기 때문이다. 물론 전문가적인 지식을 갖고 있는 분들이 접하면 훨씬 빠르겠지만, 좀 늦더라도 배워서 사용하는 것이 중요하다고 생각한다.

　온라인 세상을 공부하는 것은 아름다운 풍경을 눈에 담으면 내 것이 되고, 좋은 책을 읽고 실천하면 내 것이 되는 것처럼 소유의 개념이 아닌 사용의 개념이라고 생각한다.

　작가로 사는 삶 또한 즐거운 경험이 되었다. '인세라는 것을 받을 줄 누가 알았겠습니까?' 여러분도 가능하다. 저자처럼 도전해 보길 바란다. 누군가가 권하지 않으면 시작하기가 참 어렵다. 저자가 했던 것처럼 '용기'와 '도전'이란 단어를 드리고 싶다. 거기에 '꿈'을 담고 출발해 보길 바란다.

　우리는 온라인세상에서 활동하고 있다. 온종일 스마트폰과 인터넷을 통해 정보를 구하고 쇼핑하고 커뮤니티를 하고 있다. 기왕이면 좀 더 잘해서 편리하게 사용하면 좋을 것 같다.

　디지털 도구를 활용한 창작의 길로 들어서면서, 틱톡 스티커 제작만으로는 만족할 수 없었던 저자는 새로운 도전을 시작했다. 그 도전은 바로 그림 동화책 출간이었다. 어린 시절부터 동화를 좋아했던 저자는, 디지털 아티스트로서의 역량을 발휘하여 아름다운 그림 동화를 만들고 싶다는 열망이 있었다.

　디지털 아티스트로 성장해 나가는 과정은 결코 쉽지 않았다. 처음에는 단순한 틱톡 스티커 제작부터 시작했지만, 시간이 지나면서 점점 더 복잡하고 창의적인 작업을 할 수 있게 되었다. 디지털 도구를 다루는 능력을 키우기 위해 여러 가지 온라인 강의를 듣고, 실습을 통해 기술을 연마했다. 그 결과, 틱톡 스티커 제작에서 시작된 저자의 디지털 아티스트 여정은 한 권의 책으로 결실을 맺게 되었다.

그림 동화책 출간은 저자의 또 다른 꿈이었다. 디지털 도구를 활용하여 그림을 그리고, 이야기를 구성하는 과정은 쉽지 않았지만, 틱톡 스티커를 제작하며 쌓은 경험과 자신감이 큰 도움이 되었다. 여러 디지털 도구를 익히며 창작의 기술을 늘려간 끝에, 드디어 2024년 저자의 첫 그림 동화책이 출간되었다. 책 제목은 "쿠키와 친구들의 돌고래섬 모험"으로, 재노북스 출판사에서 출간되었다.

이 책은 귀여운 캐릭터 쿠키와 친구들이 돌고래섬에서 펼치는 신나는 모험 이야기를 담고 있다. 화려한 일러스트와 흥미진진한 스토리가 어우러져, 어린이 독자들에게 큰 인기를 얻었다. 출간과 동시에 많은 관심을 받았고, 특히 온라인 서점인 교보문고에서 높은 판매량을 기록하게 되었다.

그림 동화책을 출간하며 작가로서의 새로운 시작을 경험하게 된 저자는, 디지털 도구를 활용한 창작의 무한한 가능성을 느끼게 되었다. 그림 동화책 출간을 통해 얻은 인세 수익과 더불어, 다양한 작품을 창작할 수 있는 기회를 얻게 되었다. 작가로서의 삶은 새로운 도전과 기회로 가득 차 있었고, 저자는 매일 매일이 기대와 설렘으로 가득 찼다.

독자들과의 소통을 통해 얻는 피드백은 저자에게 큰 영감을 주었다. 독자들이 보내준 응원과 사랑은 저자가 계속해서 창작을 이어갈 수 있는 원동력이 되었다. 디지털 아티스트로서의 창작 과정과 그림 동화책 출간 경험을 통해, 저자는 더 큰 꿈을 꾸기 시작했다. 새로운 이야기를 창작하고, 더 많은 독자들에게 감동을 전하고자 하는 꿈이 생긴 것이다.

디지털 도구를 활용하여 그림 동화책을 출간한 경험은 저자에게 많은 것을 가르쳐 주었다. 창작의 기쁨과 도전의 즐거움을 느끼며, 앞으로도 계속해서 새로운 이야기를 만들어 나가고자 하는 열정이 가득하다. 여러분도 디지털 도구를 활용하여 창작의 길로 나아가보길 바란다. 무한한 가능성이 여러분을 기다리고 있다.

동화작가에서 디지털강사로 입문하기

작가에서 강사로 또 한 번 다른 직업을 갖게 되었다. 함께 틱톡 스티커를 공부하던 분들과 스티커를 만들던 중에 궁금한 점을 물어보시는 분들이 계셨는데 설명하고 알려드리는 것이 즐거웠다. 그러던 중에 굿쨱칼리지라는 온라인 플랫폼에서 챌린지 형식의 강의를 하게 되었다.

매달 진행하는 강의로 틱톡 스티커 기초반으로 시작해서 지금 '꿈톡 9기'가 진행 중이다. 꿈톡은 '꿈꾸는퍼니와 틱톡 스티커 만들기'의 줄임말로 꿈톡 1기부터 시작해서 오는 5월에 끝나는 1년 과정의 틱톡 스티커 만들기 강의이다.

이펙트하우스 프로그램 사용법과 탬플릿 사용법, 3D 사용법, 기초노드, 비주얼 노드 등 다양한 프로그램으로 틱톡 스티커 만들기 강의를 진행하고 있다.

틱톡 스티커를 만들면서 계속 다른 온라인 공부도 병행하여 여러 온라인 플랫폼에서 줌으로 강의를 진행하고 라이트 샷, 북마크 등 디지털을 잘 모르시는 분들에게 무료 강의로 알려드리고 있다. 지난겨울에는 홈플러스에서 겨울학기 강의로 네이버 스마트보드를 현장 강의로 진행했다. 올봄에는 틱톡 스티커 기초강좌를 홈플러스에서 봄학기와 여름학기에 틱톡원데이특

강을 했다. 이제 제법 강사로서 자리를 잡아 가고 있다.

앞으로도 다양한 온라인 공부를 통해 강사로서의 실력도 키워나가고 싶다. '초보가 왕초보를 가르친다'라는 의미를 알 것 같다. 모두에게 새로운 세상이기 때문이다. 계속 달라지는 디지털 세상에 적응하기란 쉽지 않다. 하루아침에 소용이 없는 기술이 되어버리기도 하기 때문이다. 즉, 이제는 평생 공부가 당연한 세상이 되어버렸다.

인공지능과 함께하는 무한한 가능성

가장 좋아하는 틱톡 스티커를 만들며, 틱톡 스티커 만드는법을 강의하며 제2의 인생을 살고 있다. 중년의 나이에 행복한 나날을 보내고 있다. 적은 금액이지만 강의해서 얻은 수입으로 N잡러가 되었다. 작가로서 인세도 들어오고 있다. 글로벌 작가도 되었다. 아마존 KDP에 동화책을 내었기 때문이다.

챗GPT를 사용하고, 인공지능을 활용하여 그림도 그리고 PPT (Power Point)도 만들고 구글독스, 구글앱, 구글 클래스도 사용하고 정보도 검색하고 자료도 정리한다. 온라인세상에서 온라인도구를 자유자재로 활용해서 실력 있는 디지털 강사가 되고 싶다.

1년 동안에 저자에게 엄청난 일들이 일어났다. 틱톡 스티커를 만들어서 전 세계 상위 1% 크리에이터가 되고 디지털아티스트로서 온라인세상에 빌딩을 짓게 된 과정을 책으로 내서 작가가 되었다. 한국 이펙트하우스에서 글로벌 탑10에서 5위를 수상하기도 했다.

이러한 모든 일들로 인해 평범한 대한민국 아줌마에서 디지털 아티스트가 되고 작가가 되고 강사가 되었다. 여성창업으로 자본금이 들지 않고 창업하고 시간과 장소에 구애받지 않고 할 수 있는 일은 온라인 세상에 빌딩을 짓는 일이라고 생각한다. 물론 나이에도 구애받지 않는다.

저자의 꿈은 할머니 크리에이터가 되는 것이다. 나이와 무관하게 컴퓨터만 있으며 계속 틱톡 스티커 만들 수 있기 때문이다. 온라인 공부도 계속할 생각이다. 구글을 완전히 정복하고 블로그도 써보고 웹소설 작가도 도전해보고 앞으로 공부할 것이 무궁무진해서 즐겁게 살고 있다.

디지털 트랜스포메이션 시대의 도래와 함께, 인공지능은 여러 산업 분야에서 혁신적인 변화를 주도하고 있다. 이러한 변화의 최전선에서 인공지능 강사로서 디지털공부와 경험을 활용하여 두 권의 인공지능 책을 출간하게 되었다.

"생성형 AI 활용 생산성 향상"은 인공지능이 어떻게 일상적인 작업을 개선하고 생산성을 극대화할 수 있는지에 대한 구체적인 사례와 전략을 제공한다. 이 책은 특히 기업 환경에서 AI 도구를 효과적으로 사용하는 방법을 중점적으로 다루어 많은 기업 임직원들에게 필요한 지침서로 자리 잡았다.

이어서 출간된 "기업 임직원들에게 필요한 생성형 AI"는 좀 더 심층적인 내용을 다루며, 기업 내에서 인공지능이 실제로 어떻게 활용될 수 있는지에 대한 심도 있는 분석과 사례 연구를 제공한다. 이 책은 인공지능 기술을 이해하고, 이를 자신의 업무에 적용하려는 임직원들에게 매우 유용한 자원이 되었다.

인공지능 강사로서 이러한 출간 작업을 통해 다양한 교육 세미나와 워크숍을 진행할 계획이며, 인공지능의 가능성을 널리 알리고 싶다. 이론뿐만 아니라 실제 적용 사례에 초점을 맞추어 기술의 본질을 이해하고 실생활에 활용하고 싶다.

평생교육이 뭔지 알 것 같다. 새로운 것을 계속 받아들이고 공부하는 마음으로 살고 싶다. 여러분도 도전해 보기를 강력히 권한다. 우리가 모두 할 수 있다. 제2의 인생 제2의 창업을 준비한다면 지금도 늦지 않았다. 흔한 말이지만, 지금이 제일 빠른 때라고 생각한다.

시작하지 않으면 아무것도 일어나지 않는다. 저자는 지금도 도전 중이다. 여러분과 함께 제2의 인생을 도전하고 싶다. 제2의 창업을 시작해 보기를. 시작하면 가능해진다.

육현정

육현정 작가는 현재 대전의 N잡러로 다양한 분야에 청소년 및 성인들과 만나 수업을 하고 있다. 첫 시작은 어린이 경제 지도사, 그 이후부터는 평생교육센터에서 인성지도사, 북아트 지도사, 독서 논술 지도사, 씨오쟁이 다문화 역사, 경제, 퍼실리테이터, 도박중독 예방 교육, 청소년 근로 인권교육, 성폭력, 흡연 마약 예방 교육, 최근에는 안전교육 수업을 시작하였다.

- 대전·세종 YWCA 경제 교육 강사
- 시민문화센터 독서교육 강사
- 도박중독예방치유원 대전센터 전문교육 강사
- 청소년 근로 인권 강사(세종 YMCA)
- 위드글로비아 협회 소속 강사(성폭력, 흡연, 마약 예방 교육)
- 어린이 경제 신문 경제 교육 강사
- 씨오쟁이 다문화 교육 강사

여성창업시대

리더가 된 여자들
도전에 답하다.

Part 8

기관강의에서 인기강사되는 노하우

CONTENTS

여자에서 엄마로 살아낸 삶, 우울증은 새벽안개처럼 스며든다.　　227

평생학습센터에서 시작된 육현정 그녀의 삶　　229

경제 교육을 통해 가정의 경제를 다시 세우다　　232

중년의 기회는 사람에게서 온다　　235

곰돌이강사 중독에 빠지다　　237

피해자를 보듬어주는 예방교육 메신저가 되다　　239

청소년과 함께 성장하는 인권교육강사　　241

여자에서 엄마로 살아낸 삶, 우울증은 새벽안개처럼 스며든다.

나이 25살, 꿈도 많고 해보고 싶은 것도 많았던 나이였다. 집에서 어머니를 돌보던 나는 나의 삶이 싫었다. 그때 사귀던 남편에게 이 지옥에서 나가고 싶다 하였다. 남편과의 결혼이 나에게는 해방을 주는 기쁨이었고 집을 떠나가면 행복한 일만 있을 거로 생각했다.

건강한 아이를 원했던 나는 남편과 상의 후 건강검진을 했고 건강한 몸은 건강한 아이를 낳을 거라 생각했다. 아이를 갖기 위한 준비를 하고 계획임신으로 첫아이를 가졌다. 아이는 건강한 편은 아니었다. 나로서는 이해 못 하는 일이었다. 엄마·아빠가 건강하다면 태어나는 아이도 건강해야 한다고 생각했다. 서로 건강한 몸을 만들고 철저히 건강식을 했으며 그 노력으로 아이를 가졌는데 왜 아이는 건강하지 못할까?

내가 너무 힘들어하니 언니가 한마디를 해주었다. 어찌 아이기 1+1=2라는 공식으로 건강하게 준비해서 아이를 가지면 건강한 아이가 나오냐고 왜 그런 생각으로 너의 기준으로 판단하냐, 아이는 딱딱 떨어지는 로봇 같은 존재가 아니라는 조언이었다.

시행착오를 거쳐 건강해지고 부모도 되는 거라고 나는 완벽한 부모가 되고 싶었는지 모른다. 다해주고 싶고 부족함 없이 해주고 싶은 마음. 언니는 그 시절 나를 보면 무슨 철부지 아이 같이 행동했다고 한다. 내 자식이 최고, 이런 논리에 빠져 있었던 거 같다. 잘 모르겠지만 지금 생각하면 나의 행동들이 그랬을지도 모르겠다.

　친구들 모임을 하고 오는 날은 어김없이 부부싸움의 시작이었다. 친구들은 사회생활을 시작하는 초년생들이었고. 나는 아이를 키우는 아줌마로 모유 수유 중이었다. 기저귀 가방 간식, 따뜻한 물 등 준비물이 한가득 과 아이를 데리고 모임에 나가야 했다. 그래도 친구들을 만나면 나의 나이로 돌아가는 것 같았다.

　기쁜 마음으로 나간 모임은 친구들과 나의 모습을 보고 실망을 하고 온다. 회사원 복장에 꾸민 친구들은 내 눈에 너무 예뻐 보였고 나는 초라하게 느껴졌기 때문이다. 아이가 어린이집에 다닐 때 나에게는 우울증이 왔다. 그때는 나의 행동이 우울증인지 몰랐다.

　의욕도 없고, 하고 싶은 것도 없고, 잠만 자고, 어느 날은 베란다를 보고 있으니 떨어지면 어떨까? 이런 생각 까지도 하게 되었다. 의욕도 없이 하루하루 보냈던 그때 남편은 나에게 힘이 되었다. 남편은 직접 어린이집에 아이를 데려다주고, 식사를 챙기지 않아도 타박하지 않고, 집안일도 하지 않았던 나를 남편이 많이 걱정해 주었던 거 같다. (남편은 내가 우울증인지도 몰랐을 거 같지만)

　남편의 배려 속에서 나는 우울증을 극복하고자 했다. 그래서 시작 했던 것은 무료 교육들이었다. 나의 조건은 무료 교육(돈을 주고 배울수 없었다) , 집에서 가까울 것 인터넷 검색을 해서 찾았다. 집에서 아이만 키우던 나는 용기를 내어 행정복지 센터에 첫발을 내밀었다.

　아이를 유모차에 태우고 요리를 배우러 나가게 되었다. 요리는 재미있었다. 수업에 나가면 사람들이 반겨주었고 아이도 배려해주셨다. 너무 재미있었다. 다양한 요리를 배우고 집에서도 해보고 엄마한테도 가져다드리고 하지만 요리를 배운다고 요리 실력이 느는 것은 아닌 거 같다. 작가는 곧 다른 무료 교육을 받을 수 있는 곳을 찾았다.

[곰돌이 선생님의 팁]
산후 우울증 주변 사람들의 배려가 필요하다. 자신만의 극복 방법을 생각하자. 저자는 새로운 것을 배우며 우울증을 극복하고자 했다.

평생학습센터에서 시작된 육현정 그녀의 삶

대전의 평생학습센터에서 새롭게 태어나다. 첫발은 행정복지 센터였지만 인터넷 검색 후 찾아 간 곳은 동구의 정보센터이다. 정보센터(지금은 디지털 배움터임) 에서는 컴퓨터 관련 자격증 과정을 무료로 교육하고 있었다. 수업 대상은 노인이었다. 수업을 따라가기가 어렵지 않았다. 컴퓨터 자격증을 하나둘 따다 보니 자신감이 생겼다. 두 번째로 문을 두드린 곳은 평생학습센터였다.

그때 당시 자격증 과정 교육을 받으려면 약간의 돈을 지불해야 했다. 그러나 내가 살던 곳인 대전 동구는 대전의 다른 구와 달리 '배워서 남 주자'라는 슬로건으로 무료 교육을 시작하였다. 동구에 주소지를 둔 사람들에게 무료강의를 해주고 내가 배운 강의를 다른 사람들에게 무료강의를 해주는 시스템으로 강사의 첫발을 디딜 수 있게 도움을 받았다.

인성교육, 독서 논술, 학습코칭, 역사논술, 다문화, 레크레이션 등 다양한 프로그램을 배웠다. 민간자격증이었지만 하나하나 자격증을 딸 때마다 나의 자존감이 향상되었다.

소심하고, 발표 못 하는 듯 없는 듯, 한평생을 그렇게 살았던 나는 평생학습센터에서 새로운 사람으로 거듭나게 되었다. 수업을 들으면 마지막 수업 시간에 발표하는 실습이 있었다. 나의 평소 모습이라면 할 수 없었던 발표였다.

　초등학교에서 한 기억이 떠올랐다. 무슨 노래를 하는 시간이었는데 노래 안하면 남아서 청소해야 했는데 나는 노래 안하고 청소했던 기억이 있다. 사람들 앞에 나가서 노래하는 것이 청소보다 싫었다. 그런데 발표라니. 걱정이 앞섰던 나는 오랫동안 같이 자격증 공부를 했던 선생님들의 응원으로 자신감이 생겨 무사히 실습 발표를 하게 되었다. 그때 심장이 터질 듯, 한 가슴의 두근거림이 아직도 첫 실습 발표를 잊지 못한다.

　작가는 새로운 사실을 알았다. 그날 발표를 했을 때 그 자리에서 피드백을 해주셨는데 강의력을 처음이라 미흡하지만 목소리가 사람들에게 편안함을 주고 발음이 정확해 청중으로 하여금 집중할 수 있게 해주는 목소리라는 것이었다. 목소리 칭찬이라니 정말 이해할 수 없었다.

　작가는 목소리가 크다는 콤플렉스가 있었다. 어렸을 때부터 목소리가 너무 크다. 작게 말하라는 이야기를 항상 들었고, 항상 타박만 받는 목소리였는데 첫 발표 시연에서 나의 목소리가 좋다는 칭찬을 받으니 자신감이 생겼다. 나도 할 수 있다는 생각이 들었다. 교육 강사를 신청하라는 얘기에 망설임 없이 신청 하였다.

　이 신청이 나의 삶을 변화시켜 주었다. 소심하고 앞에 나가서 말 한마디 못 했던 작가는 트레이닝을 거쳐 강사로 거듭나게 되었다. 그 교육을 받았던 곳은 대전 지역사회 교육 협의회였다. 나에게는 그곳은 새로운 세계였다. 강사의 자질, 강사가 갖춰야 할 자세, 발표력, 강의 스킬을 교육받고 전문 강사로서의 첫발을 디딜 수 있게 도움을 받은 곳이다.

지역사회 교육 협의회는 다양한 인성 및 학교폭력 교육을 하였고 작가는 그곳의 소속 강사로 강의를 나가게 되었다. 아이들 강의로 주 수업은 주 강사, 작가는 보조강사로 들어갔다. 수업은 순조로웠다. 주 강사님의 수업은 자신감에 차 있던 나에게 많은 반성의 시간을 가지게 되었다. 아직도 많이

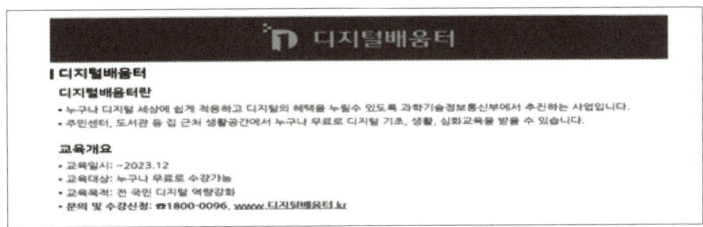

부족하구나. 주 강사님은 아이들을 울고 웃기는 강의력과 돌발상황에서 당황하지 않고 침착하게 대응하는 모습을 보니 나의 부족함이 느껴졌다. 많이 배워야겠구나, 다짐하는 시간이었다

[곰돌이 선생님의 팁]
컴퓨터 관련 무료 교육은 각 구청 홈페이지> 정보화 교육> 디지털 배움터> 여기에서 정보를 찾을 수 있다. 파워포인트. 문서 작성, 스마트폰 기본 활용 등 다양한 컴퓨터의 기본 교육들이 준비되어 있다. 대전의 동구 평생학습센터는 동구에 운영되는 모든 프로그램을 한눈에 볼 수 있다. 각 도서관에서 운영하는 프로그램을 보고 그곳에서 내가 관심 있는 프로그램을 신청해서 배울 수 있다.

경제 교육을 통해 가정의 경제를 다시 세우다.

어린이 경제 교육을 만나다. 새로운 교육의 장이었던 경제 교육은 대전에서 첫 강사교육을 모집하였고, 어린이 경제 교육을 받게 되었다. 어린이 경제 교육을 하는 곳은 어린이 경제 신문이라는 회사였다. 그 회사는 어린이 경제 신문을 발행하고, 경제 보드게임을 판매하고 지금은 온라인 교육까지 하는 회사이다. 그때의 인연이 지금까지도 이어지고 있다. 그 교육을 통해 경제 교육에 필요한 모든 것을 배울 수 있었다.

아마 대전 동구의 평생교육센터에서는 새로운 교육, 무료 교육, 배워서 남 주자는 슬로건으로 첫 시작을 경제 교육을 했는지도 모르겠다 동구의 이런 교육은 사람들로 하여금 새로운 수업에 참여 할 수 있는 기회가 되었고 저 또한 경제 교육이라는 새로운 교육에 참여할 수가 있었다.

수업을 듣기 전까지의 나의 인식은 무슨 어린이에게 경제 교육이야. 라며 돈만 아는 아이들이 된다며 부정적인 인식이 많이 있었다. 수업을 듣고 보고 아이들에게 꼭 필요한 교육이라고 생각이 들었다.

너무 금융에 대해 무지했고. 외국과 대한민국의 경제 인식 차이를 실감하게 되었다. 배우면 배울수록 흥미가 있었고 새로운 교육의 강사로 입문하고 새바람을 일으킬 수 있겠다는 생각이 들었다. 경제와 보드게임의 접목으로 아이들에게 더욱 쉽게 다가갈 수 있었고 오랜 시간의 교육과 발표에 피드백에 실습 시간까지 시간이 거쳐 경제 지도 강사라는 자격 사항을 만들어 갔다.

거기서 만난 선생님들과 친해지고 경제 동아리를 만들어 동아리 지원금도 받게 되었다. 동아리 지원사업은 처음 강사를 시작하는 사람들에게 아주 유용하다. 강사역량을 동아리 지원금으로 높이는 것이 가능했고 평소 안 해봤던 다양한 교육을 지원으로 가능했기 때문이다. 이때 많은 강사님의 수업을 받을 수가 있었다.

작가는 강의 중에 습관처럼 어깨를 한쪽으로 기울인다는 것이다. 강의하다 보면 나오게 되는 습관처럼 어깨의 균형이 맞지 않고 한쪽으로 기울여진다는 사실을, 이 사실을 알게 된 후부터 부단히 노력했다.

스피치 교육을 받았을 때가 가장 강사로서의 도움이 많이 되었다. 스피치 선생님은 강의 동영상을 찍어서 우리에게 보여 주셨고 저의 강의 때 잘못된 습관을 알게 되었다. 강의실 습관적으로 어깨의 균형이 한쪽으로 치우치는 모습을 보였다. 영상이 아니었다면 알 수 없었던 사실 이었다

영상을 찍어서 나의 강의 모습을 교정하고 강의 때 자주 나오는 나의 습관을 교정하기 위해 노력했다. 다양한 교육과 역량 강화 교육을 받고 어린

이 경제 지도사라는 자격을 갖추게 되었다.

　작가는 인연을 중요시한다. 어딜 가든 사람과의 관계를 중요시하고 사람을 대할 때는 성심성의껏 대한다. 사람과의 관계는 손해를 보더라도 신의를 지키면 된다는 지론이다. 이런 나의 성격 때문에 새로운 사람들을 소개받고 새로운 교육을 시작하기도 한다.

　나의 사람들을 볼 때 장점만 보려는 성향이 있다. 장점 속에서 나의 부족한 점을 반성하고 배울 점을 찾는다. 또한 모든 사람에게 친절하다. 이런 나의 행동들이 사람들로 하여금 신뢰를 주는 것 같다. 이런 인연으로 오다가다 아는 선생님과 친교를 쌓았고 그 선생님을 통해 새로운 곳을 소개받았다. 그곳은 대전 YWCA였다.

　이곳은 청소년 문화의 집을 운영하였고 그곳에서 경제, 진로, 인성 다양한 수업을 운영하였다. 작가가 맡은 부분은 청소년 대상 경제 교육이었다. 지금까지도 이 인연으로 대전 YWCA에서 경제 교육을 하고 있으니 대전 YWCA를 소개해 주신 선생님은 나에게는 은인과 같은 분이시다.

　이 시점에 경제 교육과 병행한 다양한 자격증 교육도 받게 되었고 어느 날은 이런 생각이 들었다. 이렇게 다양한 공부만 하는 것이 아니라 목표를 세우자고 공부에서만 끝나는 것이 아니라 결괏값을 만들자. 그래서 시작한 것이 '1년 자격증 따기' 국가자격증 민간자격증 따지지 않고 실천하기. 아직 지켜지고 있는 1년 1자격증이다. 나의 우울증은 현재진행형인지도 모르겠다.

[곰돌이 선생님의 팁]
　어린이 경제 교육을 위해서 학부모들이 꼭 알아야 하는 내용

아이들에게 용돈을 주자. 용돈은 조건이 없어야 한다. 용돈의 관리는 전적으로 아이들에게 맡기자. 1년에 한 번 용돈 계약서를 써서 아이들에게 용돈의 관리와 더불어 용돈 계약 조건을 조정하게 하자. 이렇게 연습이 된 친구들은 성인이 되어도 돈 관리를 잘한다. 아이들에게 용돈을 4가지로 구분해서 사용하게 하는 것이 중요하다. 그것을 용돈 쪼개기라고 한다. 소비, 저축, 투자, 기부의 4가지 통장을 만들어 준다. 아이들은 소비를 통해 다양한 경험을 하고 돈 관리의 중요성을 알게 된다.

중년의 기회는 사람에게서 온다.

어린이 경제 신문에서 의뢰를 받은 경제 교육을 하는 시점 지역사회교육 협의회에서도 경제 강사 양성과정을 운영한다는 연락을 받았다. 나와 동아리 선생님들은 양성과정을 신청해서 경제 교육의 폭을 넓혔다. 기존에는 도서관에서 하는 한시적인 특강 교육이었다면, 지역사회교육 협의회에서는 학교로 들어가는 경제 교육이었다.

거기에서 만난 센터장님은 저에게 또 다른 길을 열어주신 분이다. 지금 내가 있게 해주신 은인이시기도 하다. 지역사회 교육 협의회에서의 경제 강사양성과정에 교육을 오셨던 선생님 시민문화센터 센터장님이었다.

쉬운 설명과 아이들에게 경제 교육을 왜 받아야 하는지. 목적성을 강조하고 선생님들 또한 교육의 인식, 강의 때 준비해야 할 사항 등을 교육받았는데 그날 이 센터장님 강의를 듣고 또 한 번의 충격과 강의력의 반함이었다. 강의 시 나오는 카리스마에 절로 팬이 되었다.

이분과의 인연은 나의 강의 역량을 더 확장하게 시켜 주는 계기가 되었다. 센터장님의 한마디를 통해서이다. '모든 강의는 독서로 연결된다. 왜 한 가지만 생각해. 독서로 과학, 음악, 경제, 예술, 못 풀 것이 없다'는 이야기였다. 틀에 박힌 내 생각의 틀을 깨 주신 분이다. 센터장님은 작가에게 새로운 제안을 했다. 독서 논술을 배우라는 얘기셨다.

그때 당시 경제 교육에 푹 빠져 있었고 강의에 필요하다고 생각한 강의들만 들었던 시점이었다. 독서 논술은 그냥 갖춰야 하는 하나의 자격증이라 생각했다. 이곳에서 만난 센터장님은 저를 더 멀리 볼 수 있게 만들어 주신 분이다. 세분의 선생님들 속에서 저는 막내라는 이름으로 많은 배려도 받고 귀염도 받았다.

이 세분의 선생님들이 계셨기에 강사로써 단단히 자리매김할 수 있게 되었다. 센터장님께서는 저에게 더 넓게 보고 넓게 생각할 수가 있게 만들어 주셨고, 세분의 선생님들 덕분에 저에게 성장이라는 단어를 알게 되었다. 이때는 모든 것이 재미있고 새로운 배움의 장이었다. 강사로써 학교에 강의를 나가게 되었다.

이 강의를 통해 주기적인 학교 수업과 강사료를 받을 수 있었고 나의 강의 자신감은 더 높아졌다.

[곰돌이 선생님의 팁]
작가는 무작정 무료 교육이었다. 그곳에서 만난 사람들의 인연을 소중히 생각했다. 사람과의 관계를 중요시하자. 작가는 그 인연들이 나중에는 더 좋은 기회를 가져다주었다. 새로운 사람의 소개라든지. 새로운 교육을 소개받기도 한다.

곰돌이강사 중독에 빠지다.

중독의 세상에 빠지다. 처음엔 도박 중동 예방 교육에 관심이 없었다. 아는 선생님이 마약, 도박에 관심이 많다고 혹시 정보를 알아봐달라고 이야기를 하셨다. 정보를 모으면서 알게 된 곳은 한국 도박 문제 예방치유원이었다.

강사 양성과정을 수소문하고 곧 양성과정을 운영하는 것을 알게 되었다. 선생님은 정보를 전해는 작가에게 고맙다며 혼자 시작하기는 힘들거 같다며 같이 하면 어떻겠냐는 제안을 하였다. 마침 그 시기는 수업에 여유가 있었던 시기였고 중요한 건 시간도 남는 차에 선생님을 따라 신청하게 되었다.

강사양성 교육은 서울에 가서 직접 현장 교육을 받고 실습 평가를 받았는데 코로나로 인해 온라인 교육으로 바뀌게 되었고 온라인 교육을 다 받은 후 온라인 시험을 통해 합격이 결정되고 합격이 되면 20분 강의 영상을 찍어 서울로 보낸 후 피드백을 받고 현장 보조강사 3시간을 모두 이수 해야 강사로 활동할 수 있었다.

조금 복잡하기도 하고 시간이 오래 걸렸지만, 저의 끈기로 온라인 교육을 받고 시험도 치게 되었다. 마지막 관문인 20분 영상 촬영만이 남아 있었는데 작가는 그때까지도 가볍게 생각했다. 10분만 찍어도 되겠지 라는 안일한 생각이 많았다. 영상을 선생님과 찍으면서 선생님이 규칙을 지켜야 하니 20분 꼭 시간을 맞춰야 한다. 신신당부하였다.

그래서 영상 찍기는 생각보다 어려웠다. 20분 시간을 찍다 보니 편집을 잘 몰라 한 번에 찍고 말이 틀리거나 다른 소리가 들어가면 다시 찍기를 반복했다. 이렇게까지 해야 하는 반문도 있었지만 그래도 시작한 거 끝까지 해야 한다는 오기가 발동해 영상까지 열심히 찍어 서울에 올렸다.

당연히 합격이었다. 그러나 같이 시작했던 선생님은 개인 사정으로 함께 하지 못하게 되었고 작가만 수업에 참석하였다.

1년에 1번 보수교육을 무조건 받아야 하고 보수교육 시간에는 강사라면 당연히 거쳐야 할 실제 강의 5분이 잡혀 있었다. 실제 강의(실제 강의하듯이 강의 평가)를 하면서 새로운 교육의 긴장감 다른 선생님들의 강의력, 이곳은 또 하나의 나의 도전이었다.

한국도박 예방치유원은 도박에 종단된 된 청소년, 성인 대상 교육을 하고 상담을 하고 도박 문제를 벗어날 수 있게 도움을 주는 곳이었다. 제가 주로 맡게 된 것은 교육 파트 였다. 다른 교육은 강의 경력이 없어 가장 기본 시작은 교육이었다.

도박예방교육은 주로 청소년 대상이었는데 도박을 접해본 친구들이 생각보다 많이 있었고 도박을 하고 있으면서도 이것은 게임이라고 생각하는 친구들이 많이 있다는 것을 알게 되었다. 그래서 도박 예방 교육에는 더 신경을 쓰게 되었다.

청소년들의 실제 사례와 인터넷 검색을 통해 알게 된 사실들 청소년들의 왜 위험에 빠지게 되는지 그 위험성은 무엇이 있는지, 일상생활 속에서 게임이라는 핑계로 행해지는 도박을 아이들에게 알리는 일에 책임감도 느끼고 또 나에게는 사명감도 생기게 되었다.

특히 아이들이 호기심에 옆 친구의 권유에 돈을 빨리 벌 수 있다는 착각에 빠져, 중독되고 스스로 헤어 나올 수 없다는 사실 위주로 강의를 구성하였다.

재미있지만 내용은 무겁게 위험성을 알리고 치료 정보도 알리는 일이 우리 도박 예방 교육 선생님들의 일이라고 생각한다. 도박에 빠지는 친구들은 강력한 재미와 승리에 따른 보상, 그 속에서 얻는 또 다른 자극, 학업 스트레스 등으로 빠지게 된다. 그래서 도박 예방 교육은 예방, 조기 개입, 치유를 과정으로 교육 하게된다.

[곰돌이 선생님의 팁]
도박중독 예방을 위해 청소년들에게 한마디 하고 싶다. "돈은 쉽게 벌 수 있는 것이 아니다. 거저 얻어지는 돈은 없다. 도박으로 번 돈은 결국 도박으로 잃게 된다." 스마트폰 게임이라는 이름으로 친구들을 유혹하여 도박에 쉽게 빠지게 만든다.

돈 관리를 철저하게 하자. 이것은 경제 교육과 같다. 도박 문제 상담 전화는 1336이다. 상담을 통해 올바른 인식형성과 문제를 극복할 수 있으니 꼭 문제가 있다면 전화 상담해야한다.

피해자를 보듬어주는 예방교육 메신저가 되다

도박 예방 교육을 하다 보면 다양한 교육을 하는 선생님들을 만나게 되었다. 저작권 관련 강의라던가 마약 예방 교육 등 내가 모르던 수업들이 많이 있다는 것을 알게 되었다.

그 당시에는 세종 YWCA에서 성폭력 전문상담원 교육을 배우고 있었다. 이 교육을 통해 다양한 성폭력을 사례들과 성인지관점, 성폭력 방지 예방법령, 성폭력 위기 상황에 대응할 능력 등 다양한 교육을 받을 수 있었다. 이 교육을 통해 고정관념을 많이 바뀌게 되었다. 첫 번째로 성폭력 피해자들에 관한 생각이었다.

교육을 받기 전에는 피해자들은 어떤 행위나 노출이 심한 옷을 입어서 피해자가 되었을 것이다.라고 생각했다. 우리는 가해자의 비난보다 피해자의 책임을 돌리는 인식이 여전히 많고 이를 교육해 개선된다고 한다. 작가 또한 그런 생각이 많이 들었다.

두 번째로 고정관념이 피해자다움이다. 바로 신고를 한다던가 피해자는 피해자 다워야하지 라는 생각들로 피해자들에게 더 많은 상처를 준다고 한다. 세종 YWCA는 공부는 했지만 계속하기는 어려움이 있었다. 그래서 만나게 된 곳이 워드들로 비어 협회 대표님이었다.

도박 예방 교육을 하는 선생님 중 한 분이 위드글로비아협회 대표님이었다. 이곳에서 성폭력 및 흡연, 마약 예방법을 교육받고 학교 수업에 나가게 되었다. 어렵게 생각했던 성폭력 교육이었는데 세종 YWCA에서의 교육과 위드글로비아에서의 교육으로 자신 있게 아이들을 만나게 되었다.

아이들에게 장난과 폭력의 차이를 구분하고 친구끼리 무심코 장난으로 한 행동도 성폭력이 될 수 있다는 점을 알려 주었다. 아이들은 처음 들을 때는 장난으로 듣다가 실제 사례와 예를 들어 위험성을 알려 주니 아이들도 조심해야겠다는 이야기와 친한 친구들과도 더 조심해야겠다고 이야기했다.

성폭력 예방 교육을 통해 아이들의 생각 변화가 생기고 경계를 알고 친구들의 가해 행동을 안 하는 것만이라도 성폭력은 일어나지, 안다는 것과 주변인일 때 방관하지 말고 피해자에게 관심을 두었으면 한다.

[곰돌이 선생님의 팁]
내 경계를 아는 것이 중요하고 내경계에 누군가 침범했을 때 불편함을

빠르게 인지해야 합니다. 나의 신체적 권리를 알고 내 권리가 중요하다면 다른 사람의 권리도 존중해 주어야 한다. 다른 사람의 권리를 침해해서는 안 된다는 그것과 다은 사람의 권리를 침해하지 않기 위해서는 꼭 동의가 필요하다는 것을 알았으면 한다.

청소년과 함께 성장하는 인권교육강사

세종 YWCA와 인연을 맺은 선생님들과 함께 새로운 교육 기회를 접했다. 세종 YMCA에서 청소년 근로 인권교육 강사를 모집한다는 소식을 듣고, 우리는 이 의미 있는 도전에 함께 뛰어들었다. 강사가 되기 위한 과정은 결코 쉽지 않았다. 먼저 효과적인 프레젠테이션 기술을 익히기 위해 PPT 제작 능력을 갖추어야 했고, 5분간의 실제 강의 시연을 통해 우리의 교수 능력을 증명해야 했다. 이어진 피드백 세션과 면접을 거쳐 강사 자격을 획득한 후에도, KCI 연수원에서 이틀간 진행되는 집중적인 청소년 근로 인권교육 과정을 이수했다.

우리가 주로 대상으로 삼은 것은 중학생과 고등학생들이었지만, 특히 특성화 고등학교 학생들에게 초점을 맞췄다. 이들은 졸업 후 곧바로 직업 세계로 진출해야 하는 상황에 놓여 있어, 직장에서 발생할 수 있는 부당한 처우에 대처하는 방법을 배우는 것이 무엇보다 중요했다. 현장에서 만난 학생들의 이야기를 들어보니, 대부분이 근로계약서 작성 경험이 전무했고, 아르바이트 중 부당한 대우를 받고도 '청소년이니까 어쩔 수 없다'는 생각에 도움을 요청할 생각조차 하지 못했다고 한다.

청소년들의 아르바이트 경험담을 들어보면 가슴이 아팠다. 비인격적인 대우는 물론이고, 충분한 휴식 시간을 보장받지 못하거나 법적으로 보장된 주휴수당을 받지 못하는 경우가 허다했다. 또한 업무 분장이 명확하지 않아 과도한 책임을 떠안거나, 심지어는 최저임금에도 못 미치는 급여를 받는 등 다양한 형태의 부당한 대우가 만연해 있었다.

이러한 현실을 마주하면서, 우리는 청소년 근로 인권교육의 필요성을 더욱 절실히 느꼈다. 단순히 법률적 지식을 전달하는 것을 넘어, 학생들이 자신의 권리를 인식하고 부당한 상황에 대처할 수 있는 실질적인 능력을 키워주는 것이 우리의 목표가 됐다. 이를 위해 실제 사례를 바탕으로 한 역할극과 토론 수업을 도입하고, 학생들이 직접 근로계약서를 작성해보는 실습 시간도 마련했다.

앞으로 이러한 교육이 더욱 확대되어 모든 청소년들이 자신의 권리를 알고, 당당히 주장할 수 있기를 희망한다. 나아가 이러한 교육이 단순히 학교 안에 머무르지 않고, 사회 전반에 걸쳐 청소년 근로자들의 권리를 존중하는 문화가 정착되기를 바란다. 우리의 작은 노력이 청소년들의 더 나은 미래를 위한 씨앗이 되길 간절히 소망한다.

[곰돌이 선생님의 팁]
청소년 아르바이트 활동에 대한 근로법
근로를 만 15세 이상부터 가능하다 (2005년 이전에 태어난 사람)
근로계약서를 작성한다. (근로조건 명시, 청소년 보호)
휴게시간을 확인한다. (4시간 30분, 8시간 1시간, 근무시간 중에)
아르바이트 등 나의 실수로 발생한 사고도 산재보험 신청이 가능하다.
2024년도 최저시급은 9,860원이다
직장 내 성희롱 때 고용노동부, 국가인권위원회, 경찰에 신고할 수 있다.

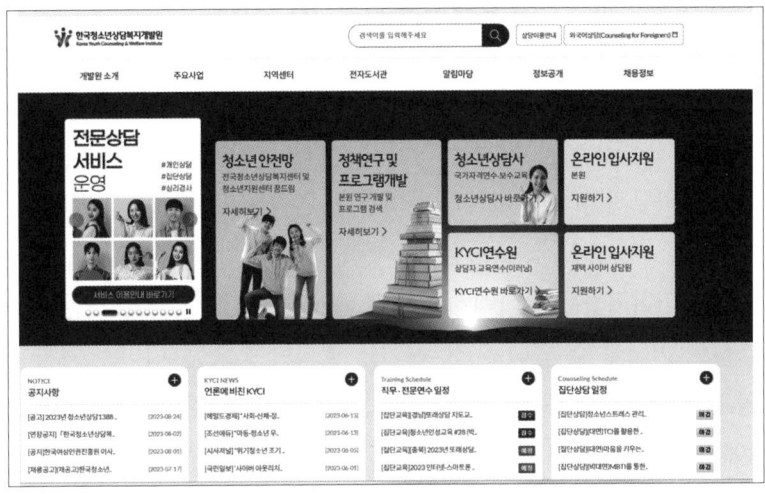

청소년 노동인권교육 안내

전문강사 양성과정 안내

"찾아가는 청소년 노동인권교육" 활성화를 위해 전문강사를 양성하여 지역별 노동인권교육 운영 인프라를 구축하고 있습니다.

- **교육대상**: 아래 요건 중 한 가지 이상을 충족하는 자
  - 전국 17개 시도 청소년근로보호센터 담당자
  - 한국청소년상담복지개발원 '청소년 권리교육 강사양성과정'을 이수한 자
  - 청소년관련기관 상근 상담·복지 근무자
  - 청소년관련기관에서 강사로 활동하고 있는 자
  - 기타 '청소년 노동인권 전문강사 양성 교육' 과정 참여 자격을 갖췄다고 인정되는 자
- **교육일정**: KYCI 연수원 홈페이지 참고
- **교육방법 및 시간**: 이러닝 8시간 + 집합 교육 15시간
- **교육내용**
  - 청소년 대상 해결중심 단기상담 (온라인 교육)
  - 청소년 노동인권 전문강사 양성 교육 프로그램 교육 (집합 교육)
  - 청소년 노동인권교육 프로그램 교육 (집합 교육)
  - 청소년 노동인권 전문강사 활동을 위한 안내 (집합 교육)
- **신청방법**: KYCI 연수원 홈페이지 > 전문연수 신청 >
  '2022년 제n차 청소년 노동인권 전문 강사 양성 교육' 선택 및 신청

에필로그
당신 안의 잠재력을 깨워라

여러분, 우리는 이제 여덟 명의 놀라운 여성들의 이야기를 모두 들었습니다. 그들의 도전과 성공, 때로는 좌절의 순간들을 함께 경험했습니다. 이제 이 여정을 마무리하며, 우리가 얻은 교훈과 영감을 되새겨볼 시간입니다.

각 장의 이야기들은 우리에게 특별한 메시지를 남겼습니다. 작은 시작이 큰 결실로 이어질 수 있다는 것, 끈기와 열정의 중요성, 나이는 단지 숫자에 불과하다는 것, 새로운 기술 습득의 가치, 경력 전환의 가능성, 글로벌 시장에서의 기회, 그리고 개인의 경험이 어떻게 가치 있는 콘텐츠가 될 수 있는지를 보여주었습니다.

하지만 이 책의 진정한 주인공은 바로 여러분입니다. 이 책을 읽으면서 여러분의 마음속에 어떤 변화가 일어났나요? 어떤 새로운 꿈을 꾸게 되었나요? 혹은 잊고 있던 오래된 열정이 다시 불타오르지는 않았나요?

지금이 바로 여러분의 이야기를 써내려갈 시간입니다. 두려움이나 실패를 겁내지 마세요. 그것은 성공으로 가는 과정의 일부일 뿐입니다. 우리가 만난 여덟 명의 여성들처럼, 여러분도 할 수 있습니다.

이 책이 여러분 여정의 작은 등불이 되었기를 바랍니다. 그리고 언젠가 여러분의 성공 이야기가 또 다른 누군가에게 영감을 줄 수 있기를 희망합니다. 우리는 서로에게 영감을 주고받으며 함께 성장합니다.

이제 책을 덮고 현실로 돌아갈 시간입니다. 하지만 이것은 끝이 아닙니

에필로그
평범한 일상에서 특별한 리더로

다. 오히려 새로운 시작입니다. 여러분의 꿈을 향한 첫 걸음을 내딛으세요. 그 여정이 때로는 험난할지라도, 끝까지 포기하지 마세요.

우리는 지금 변화의 시대를 살고 있습니다. 이러한 변화를 기회로 삼아 여러분만의 독특한 경험과 시각을 바탕으로 새로운 가치를 창출해낼 수 있습니다.

성공이란 단순히 금전적인 성취나 사회적 인정만을 의미하는 것이 아닙니다. 자신의 열정을 따라 살아가는 것, 자신의 가치를 실현하는 것, 그리고 그 과정에서 다른 이들에게 긍정적인 영향을 미치는 것, 이것이 바로 진정한 성공이 아닐까요?

여러분의 여정이 시작되는 이 순간, 잠시 멈춰 서서 자신의 꿈을 그려보세요. 그 꿈을 이루기 위해 필요한 첫 번째 단계는 무엇일까요? 그리고 그 첫 걸음을 내딛기 위해 지금 당장 할 수 있는 일은 무엇일까요? 때로는 작은 행동 하나가 큰 변화의 시작점이 될 수 있습니다.

우리는 모두 각자의 속도로 성장합니다. 누군가와 비교하지 마세요. 여러분만의 고유한 여정이 있습니다. 그 여정을 즐기세요. 실패와 좌절의 순간이 올 때마다 이 책의 주인공들을 떠올리세요. 그들도 여러분과 같은 순간을 겪었고, 그것을 극복했습니다.

여러분의 도전이 새로운 세대에게 영감을 줄 수 있습니다. 여러분의 성공

에필로그
당신 안의 잠재력을 깨워라

이 다른 이들에게 희망이 될 수 있습니다. 그리고 그 과정에서 여러분 자신이 더욱 성장하고 발전할 것입니다. 이것이 바로 우리가 서로 연결되어 있고, 서로에게 영향을 미치는 방식입니다.

이 책은 여러분의 새로운 챕터가 시작되는 출발점입니다. 여러분의 이야기가 언젠가 이 책의 속편을 채울 수 있기를 기대합니다. 우리 모두가 각자의 분야에서 리더가 되어, 더 나은 세상을 만들어가는 주역이 되기를 바랍니다.

여러분의 꿈을 향한 여정에서 기억해야 할 중요한 점이 있습니다. 그것은 바로 '지속성'입니다. 성공은 하루아침에 이루어지지 않습니다. 매일 조금씩, 꾸준히 노력하는 과정에서 우리는 성장하고 목표에 가까워집니다. 때로는 지루하고 힘들 수 있지만, 그 과정 자체가 여러분을 더 강하고 현명하게 만들어줄 것입니다.

또한, 네트워크의 중요성을 잊지 마세요. 이 책의 주인공들도 각자의 분야에서 다양한 사람들과 연결되어 있었습니다. 여러분 주변에는 여러분의 꿈을 응원하고 도와줄 사람들이 있을 것입니다. 그들과 소통하고, 함께 성장하세요. 때로는 예상치 못한 곳에서 기회가 올 수 있습니다.

마지막으로, 자신을 믿으세요. 여러분은 무한한 잠재력을 가지고 있습니다. 그 잠재력을 믿고, 계속해서 도전하세요. 실패를 두려워하지 말고, 그것을 배움의 기회로 삼으세요. 모든 위대한 성공 뒤에는 수많은 실패와 좌절

에필로그
평범한 일상에서 특별한 리더로

이 있었다는 것을 기억하세요.

이제 여러분의 이야기가 시작됩니다. 여러분만의 독특한 경험, 재능, 그리고 열정으로 세상을 변화시킬 수 있습니다. 그 여정이 때로는 힘들고 외롭게 느껴질 수 있지만, 결코 혼자가 아니라는 것을 기억하세요. 우리는 모두 연결되어 있고, 서로에게 영향을 미치고 있습니다.

여러분의 꿈을 향한 여정에서 중요한 또 다른 요소는 '유연성'입니다. 세상은 빠르게 변화하고 있고, 우리의 계획대로 모든 것이 진행되지 않을 수 있습니다. 그럴 때 필요한 것이 바로 유연한 사고와 적응력입니다. 변화를 두려워하지 말고, 오히려 그것을 새로운 기회로 삼으세요. 때로는 예상치 못한 전환점이 여러분을 더 큰 성공으로 이끌 수 있습니다.

또한, '균형'의 중요성을 잊지 마세요. 성공을 추구하는 과정에서 자신의 건강과 행복을 희생하지 않도록 주의하세요. 일과 삶의 균형을 잘 유지하며, 자신을 돌보는 시간을 가지세요. 진정한 성공은 전인적인 삶의 만족에서 온다는 것을 기억하세요.

여러분의 여정에서 '배움'을 멈추지 마세요. 세상은 계속해서 변화하고 있고, 새로운 기술과 지식이 끊임없이 등장하고 있습니다. 평생 학습자의 자세로 새로운 것을 배우고 적용하는 것을 두려워하지 마세요. 그것이 바로 여러분을 경쟁력 있게 만들어줄 것입니다.

에필로그
당신 안의 잠재력을 깨워라

마지막으로, 여러분의 성공이 다른 이들에게 어떤 영향을 미칠 수 있는지 생각해보세요. 우리는 혼자 살아가는 것이 아닙니다. 여러분의 성공이 어떻게 사회에 기여할 수 있을지, 어떻게 다른 이들에게 긍정적인 영향을 미칠 수 있을지 고민해보세요. 그것이 바로 여러분의 성공에 더 큰 의미와 가치를 부여할 것입니다.

2024년 8월, 뜨거운 태양이 우리의 열정을 상징하듯
새로운 도전의 시대를 여는 모든 이들에게 경의를 표하며
저자 윤서아 드림